Rio de Janeiro,
cidade mestiça

Copyright © 2001 by Éditions Chandeigne, 10 rue Tournefort – 75005 – Paris

Grafia atualizada segundo Acordo Ortográfico da Língua Portuguesa de 1990, que entrou em vigor no Brasil em 2009.

Ilustrações
Coleção Jean-Paul Duviols

Título original
Rio de Janeiro, la ville métisse

Capa
Jean-Baptiste Debret, *Um funcionário do governo
sai a passeio com a família* (*Viagem pitoresca
e histórica ao Brasil*, vol. 2, pr. 5 – imagem invertida)

Projeto gráfico
Anne Lima

Preparação
Márcia Copola

Revisão
Beatriz de Freitas Moreira
Cláudia Cantarin
Marina Nogueira

Dados Internacionais de Catalogação na Publicação (cip)
(Câmara Brasileira do Livro, sp, Brasil)

Rio de Janeiro, cidade mestiça: nascimento da imagem de uma
nação / ilustrações e comentários Jean-Baptiste Debret; textos Luiz
Felipe de Alencastro, Serge Gruzinski e Tierno Monénembo;
reunidos e apresentados por Patrick Straumann; tradução de Rosa
Freire d'Aguiar. — São Paulo: Companhia das Letras, 2001.

Título original: Rio de Janeiro, la ville métisse
isbn 978-85-359-0168-9

1. Arte - Brasil - História 2. Brasil - História - Missão francesa
3. Brasil - História - Obras pictóricas 4. Brasil - História - Século 19
5. Rio de Janeiro (rj) - História i. Debret, Jean-Baptiste. ii.
Alencastro, Luiz Felipe de. iii. Gruzinski, Serge. iv. Monénembo,
Tierno. v. Straumann, Patrick.

01-4261   cdd-981.04

Índices para catálogo sistemático:
1. Brasil: História: Século 19   981.04
2. Século 19: Brasil: História   981.04

1ª reimpressão
[2012]
Todos os direitos desta edição reservados à
EDITORA SCHWARCZ LTDA.
Rua Bandeira Paulista, 702 cj. 32
04532-002 – São Paulo – sp
Telefone (11) 3707-3500
Fax (11) 3707-3501
www.companhiadasletras.com.br
www.blogdacompanhia.com.br

ESTA OBRA FOI COMPOSTA POR RENATO POTENZA EM AGARAMOND,

FOI IMPRESSA PELA TWP — TIEN WAH PRESS SOBRE PAPEL ADVOCATE ROUGH NATURAL WHITE

PARA A EDITORA SCHWARCZ

Rio de Janeiro, cidade mestiça

Nascimento da imagem de uma nação

*Ilustrações e comentários
de Jean-Baptiste Debret*

Organização de Patrick Straumann

*Textos de
Luiz Felipe de Alencastro,
Serge Gruzinski e Tierno Monénembo*

Tradução de Rosa Freire d'Aguiar

COMPANHIA DAS LETRAS

APRESENTAÇÃO

"Propus-me seguir nesta obra o plano que a lógica me traçava, isto é, a marcha progressiva da civilização no Brasil", escreve Jean-Baptiste Debret comentando a arquitetura de seu livro *Viagem pitoresca e histórica ao Brasil*. Desse rigor, tão típico de toda a sua obra, Debret só se afastará à margem de seu trabalho de pintor, em cartas ou nos textos que acompanham suas pranchas litográficas. Assim, nostálgico, escreve ele após o regresso à França: "Nada alterou em mim a sensação de minha utilidade e do entusiasmo que me inspirou a cultura de minha arte sob um céu tão puro e onde a natureza exibe aos olhos do pintor filósofo a profusão de uma riqueza desconhecida do europeu, fonte inesgotável de lembranças que encantarão o resto de meus dias". E, na dedicatória à Academia de Belas-Artes do Instituto de França, em 1839, faz votos por que a obra "possa ajudar a ligar o Brasil à França, a pátria de minhas recordações à pátria de minhas consolações!". Mas se os quinze anos em que morou no Brasil deixaram-lhe uma sensação aguda de saudade — a ponto de ele encontrar para a palavra uma de suas mais belas definições: "o balanço delicioso da alma..." —, sua posição de intermediário entre duas culturas, seu senso de observação e sua competência técnica lhe permitirão, sobretudo, traçar com a *Viagem pitoresca* o primeiro retrato de uma nação em via de se formar.

Nascido em Paris em 1768, de pai escrivão do Parlamento e de mãe "comerciante de roupa-branca", Debret parece predestinado a uma carreira artística. Sobrinho-neto de François Boucher, um de seus primos é Jacques-Louis David, e sua esposa será Sophie Desmaions, filha do arquiteto. Depois de fazer seus estudos no liceu

Os refrescos no largo do Paço, depois do jantar

Louis-le-Grand, entra para a escola de David e o acompanha a Roma, onde este vai pintar o *Juramento dos Horácios*. De volta a Paris, Debret começa a frequentar os cursos da Academia de Belas-Artes. Com o apoio de seu famoso primo, apresenta no Salão de 1791 o quadro *Régulo partindo para Cartago*. Seu processo artístico e a simplicidade de suas composições, influenciadas, talvez, pelos textos de Winckelmann e Lessing, são lidos como uma ilustração perfeita do credo neoclássico: tanto quanto o brilho da cor, o *laisser-aller* da pincelada é proscrito em nome da natureza e do antigo. Fiel às doutrinas estéticas de seu tempo, que proclamam que, "longe de serem apenas ornamentos do edifício social, as Artes fazem parte de suas bases", Debret pinta então uma série de quadros à glória do imperador. No Salão de 1804, apresenta a tela *Napoleão prestando homenagem à bravura malsucedida*, que será comprada pelo Estado para ornamentar a Assembleia Legislativa. Seguem-se, todos de inspiração idêntica, os quadros *Napoleão saudando um comboio de feridos austríacos* (1808), *Napoleão em Tilsitt* (1808) e *Distribuição das condecorações da Legião de Honra* (1810).

Como artista acadêmico — um livro de história da arte do início do século XX o qualificava como "pintor duro e brusco" —, Debret teria sem dúvida ficado à sombra de David e de Gros se a morte de seu filho e o retorno dos Bourbon ao poder não tivessem modificado dolorosamente sua trajetória. A Restauração tem consequências radicais para os pintores que simbolizavam o poder destituído. Joachim Lebreton, secretário perpétuo da Academia de Belas-Artes, perde posto e honrarias após seus ataques constantes aos ingleses. David exila-se em Bruxelas; Debret fica na França, mas perde sua antiga clientela e todo o apoio oficial. Amargurado, magoado, separado da mulher, ele é tomado pelo desejo de se exilar e recebe, com alívio, as duas propostas que lhe são feitas: pode optar entre se instalar em São Petersburgo, a serviço de Alexandre I, e ir trabalhar no Brasil, sob a direção de Lebreton, encarregado pelo regente d. João VI — a conselho de Humboldt — de fundar uma Escola de Belas-Artes. Temendo talvez que os invernos russos lembrem-lhe demasiado a derrota do imperador, Debret resolve aceitar a oferta portuguesa. Integra a Missão Artística Francesa e embarca no veleiro *Calpe*. No dia 26 de março de 1816 ele chega ao Rio de Janeiro, então capital do efêmero Reino Unido do Brasil, Portugal e Algarves.

Ao penetrar na baía de Guanabara, Debret descobre uma cidade febril, de contrastes duros e em plena mutação. A sociedade, muito religiosa e poderosamente hierarquizada, é regida por códigos antiquados, à imagem da "cascata de desprezo" que outrora caracterizava a vida social em Versalhes. As ruas, mal e mal pavimentadas, crestadas pelo calor estival, estão repletas de barbeiros ambulantes, vendedores de cestos, comerciantes de galinhas, carregadores de leite. Compram-se, vendem-se e trocam-se carvão, cebolas e alho, frutas, caça, doces diversos, e palha para estofar colchões; cruza-se com carros de boi, entregadores, mas também com curandeiros, "intercessores para a salvação da alma", personalidades, soldados, prostitutas, marinheiros. No início do século XIX, os escravos formam quase metade da população, e o luxuriante ambiente tropical, a sonoridade das línguas africanas, os cheiros e as cores inabituais desafiam os sentidos europeus. John Luccock, um negociante inglês que nessa época mora no Brasil, nota que "um estrangeiro que atravessa a cidade poderia se imaginar transplantado para o centro da África".

Ora, como o Rio era, desde 1808, a nova sede da Corte portuguesa, d. João VI devia dotar a cidade de uma infraestrutura que refletisse, substancial e simbolicamente, a grandeza da monarquia europeia. Dedicando o segundo decênio do século XIX à transformação da antiga colônia em reino, o regente toma certo número de medidas que permitem ao Brasil reduzir sua dependência de Portugal. Ordenando a abertura dos portos e a criação do primeiro Banco do Brasil, ele libera o comércio; a fundação da Imprensa Régia possibilita a circulação dos primeiros jornais nacionais. A criação, em 1808, da primeira Academia de Medicina põe fim ao monopólio universitário de Coimbra. Paralelamente, a lenta emancipação econômica amplifica um sentimento nacionalista lancinante e desperta a demanda cultural. Em 1813, é inaugurado o Teatro São João — Debret decorará o seu pano de boca —, e finalmente, em agosto de 1816, oficializando a Missão Artística, o regente publica o decreto que ordena a fundação da Academia Real de Ciências, Artes e Ofícios.

Na qualidade de "pintor de história", Debret é oficialmente no-

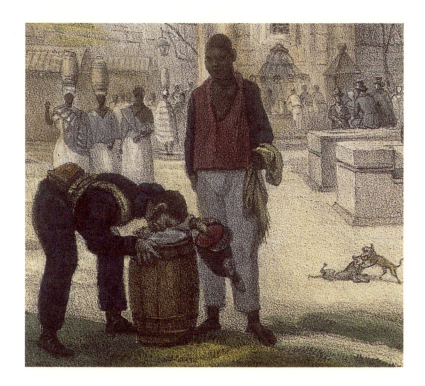

meado professor da Academia, e sendo um técnico experiente, dele esperam que forneça ao poder a carga simbólica que servirá de base ao projeto. Porém, a falta de dinheiro e a lentidão administrativa atrasam a abertura da instituição. Mais ainda porque se elevam vozes contra a utilidade de uma iniciativa dessas: não valeria mais a pena formar os alunos da Academia em artesanato, mais útil que as belas-artes, nessas latitudes? A ausência de toda e qualquer tradição de pintura laica só faz aumentar os mal-entendidos. As larguezas de que gozam Lebreton e seus colegas chocam a opinião pública; conflitos com os pintores portugueses são exacerbados pelas simpatias revolucionárias dos franceses. Ao avaliar a defasagem entre a cultura local e o modo como ele concebe o exercício de sua profissão, Debret relata que, em 1808, o chefe de polícia saiu à cata de escravos para decorar as casas destinadas à Corte portuguesa: esse fato "não apenas é engraçado, mas também exprime o que, na época, era considerado artístico", nota ele.

É nesse contexto que Debret começa a conceber a série de aquarelas que prefigura o perfil de sua futura *Viagem pitoresca e histórica ao Brasil*. Invertendo as perspectivas, livre da expectativa de quem antes lhe fazia encomendas, agora ele imagina um espelho das realidades brasileiras e trabalha pensando num público francês. Como em sua pintura a óleo, demonstra uma técnica e uma linguagem metafórica muito desenvolvidas, sem jamais transmitir nenhum traço de sua vida privada. Agora, a representação já não precisa magnificar seu objeto nem estabelecer uma improvável linhagem moral entre o presente barroco e a Antiguidade clássica. Publicada após seu regresso a Paris, entre 1834 e 1839 — isto é, pouco depois da invenção da litografia e justo antes do advento da era fotográfica —, a *Viagem pitoresca* é, antes de tudo, uma obra de vocação documental. Assim, no relatório encomendado à época pelo Instituto de França, é considerado "precioso" o testemunho "sobre a situação física e moral no Brasil [...] consagrado à atividade em geral e à instrução cívica, ao culto religioso e aos acontecimentos políticos": longe do dogma neoclássico, o *opus magnum* de Debret apresenta-se, em primeiro lugar, como uma representação ambiciosa e exata de uma sociedade que, no momento de sua independência política, tenta definir e expressar sua singularidade.

A classificação a que Debret recorre quando estrutura suas imagens, seguramente deve muito à época — a ponto de parecer, no espírito, um eco do credo de Lineu: "O início será observar todas as coisas, mesmo as mais ínfimas. O meio é descrever pela pluma seu aspecto e seu uso. O fim será descrever a natureza cuidadosamente e

em toda a medida possível". Todavia, verifica-se que a originalidade e a inteligência da *Viagem pitoresca* residem, sobretudo, no dispositivo empregado para sua linguagem visual. Evoluindo no ritmo das antíteses espaço público/espaço privado, interior/exterior, sociedade/indivíduo, primeiro plano/segundo plano etc., a obra é alimentada por uma energia que contrasta com a composição convencional das pranchas e o rigor do traço. Essa retórica da imagem também permite a Debret oscilar entre os dois polos que são o fundamento de seu projeto: a exigência da civilização ocidental e a realidade tropical. Assim, as cenas representadas, ora ilustradas em suas particularidades, ora esboçadas como arquétipos, valem por si mesmas e, na mesma medida, como metáforas da sociedade. É essa ambivalência, tradução das contradições e das tensões culturais da época, que permite ao público circular entre as pranchas e que constitui, *in fine*, o motor desse afresco.

Para esta reprodução parcial da *Viagem pitoresca* — a edição original da obra, em três tomos, contém no total 149 litografias, cada uma delas acompanhada por um comentário de cerca de uma página —, reunimos as pranchas que davam certa ideia da vida urbana do Brasil no início do século XIX e descartamos as que tratavam dos povos índios. Isso não apenas porque as imagens que ilustram as culturas indígenas inspiravam-se em informações de segunda mão, mas também pelo interesse das primeiras. Ao captar os traços do Rio de Janeiro relacionados à mestiçagem cultural da tradição monárquica europeia com a prática escravista colonial, Debret foi o primeiro a dar um rosto a esse paradoxo fundador que impregnou com sua marca a história do Brasil independente. De resto, pareceu-nos importante propor uma seleção dos comentários de Debret correspondentes à obra desenhada.

Pois, juntando a palavra às litografias, dotando o olhar de sua própria crítica e consciência, Debret criou um objeto decididamente

Vista do Rio de Janeiro, desenhada do mosteiro de São Bento

moderno — se podemos considerar que a *Viagem pitoresca* contribuiu para moldar a imagem de uma nação, também podemos dizer que ela contém o seu contracampo: em seu desejo assumido de apreender uma realidade que, na época, era amplamente desconhecida na Europa, ela também nos proporciona, indiretamente, a visão de um artista e, por meio dela, a de seu tempo. Assim, a obra funciona como um espelho cujos reflexos nos ensinam, além do conjunto das diferenças entre a França e o Brasil, a própria noção de diferença.

Para prolongar as linhas de fuga traçadas pelo testemunho de Debret e pô-lo, assim, à prova de uma percepção contemporânea, nós o submetemos ao olhar crítico de três autores contemporâneos, de sensibilidade, nacionalidade e formação distintas. Tierno Monénembo, romancista guineano, fala da vida cotidiana dos escravos na capital do jovem império. O historiador brasileiro Luiz Felipe de Alencastro retrata o contexto histórico da instalação da Corte portuguesa no Rio, auxiliado pelas litografias e pelos textos de Debret, que lhe "aparecem como grandes espelhos situados frente a frente num salão oitocentista, os quais refletem as imagens cruzadas dos olhares europeus e brasileiros sobre o Império do Brasil". O historiador francês Serge Gruzinski evoca a formação do olhar dos pintores da Europa Ocidental no início do século XIX e situa o caso Debret no contexto geral dos escritores e viajantes filósofos que trilharam, no rastro de Humboldt, as paragens da América Latina. As observações, bem como os pontos de vista, revelam-se complementares: os três demonstram a atualidade da obra desse artista, e cada um dos textos vale como uma leitura nova desse momento único em que, mal saindo da noite colonial, uma nação já procura se formar em suas imagens e por meio delas.

Patrick Straumann

Jean-Baptiste Debret

LITOGRAFIAS E COMENTÁRIOS

Os refrescos no largo do Paço, depois do jantar
(pp. 6, 8 e 9)

Portanto, é lá pelas quatro horas da tarde que vemos esses rentistas chegando, de todas as ruas adjacentes, ao largo do Paço, para sentarem nos parapeitos do cais, onde têm o costume de vir tomar ar fresco até as ave-marias (de seis às sete da noite). Em menos de meia hora todos os lugares estão tomados e, após as cortesias de praxe entre esses desocupados, cada um chama um vendedor de doces, menos para comprar uma guloseima do que para engolir de um só trago a metade da água contida na pequena moringa que o negro carrega à mão: um remédio indispensável para a sede intensa despertada pela digestão de um jantar apimentado, de acordo com o velho código da cozinha brasileira.

Entre esses inúmeros consumidores, de parcos recursos, é fácil distinguir os mais necessitados, cuja economia exagerada atinge as raias da avareza. Engenhoso para saciar a sede, o malicioso bebedor cha-

ma, de preferência, um vendedor de aparência tímida e, certo de confundi-lo ao depreciar sua mercadoria num tom extremamente duro, aproveita-se do embaraço do negro para apossar-se bruscamente da moringa e beber a água de graça; de cara fechada, devolve-lhe em seguida a moringa, desdenhando, resmungão, de seu tamanhinho ou exagerando sua sujeira. Vítima dessa dupla injustiça, o pobre escravo foge, ameaçado e injuriado; e dando-se por feliz de escapar, a pretexto de ir encher sua moringa na fonte vizinha.

Sapataria
(p. 15)

O desenho representa a loja opulenta de um sapateiro português, castigando seu operário escravo; sua mulher mulata, embora ocupada em aleitar o filho, não resiste ao prazer de ver um negro ser castigado.

Loja de barbeiros

Um vizinho do barbeiro, displicentemente recostado perto da janela, com o leque chinês numa das mãos, deixa a outra para fora, na agradável sensação do ar que refresca.

Recém-acordado e com o estômago cheio de água fresca, olha com indiferença o tabuleiro repleto de doces que lhe apresenta uma jovem negra, a quem ele faz, na falta do que fazer, algumas perguntas sobre seus senhores. Mas logo, aborrecido com essa distração inútil, despacha-a com esta frase de pouco-caso: "Vai-te embora", expressão grosseira, empregada em todos os tons, desde o mais amistoso até o mais injurioso; essa separação destrói as esperanças da vendedora, bem como do cãozinho que aguarda humildemente pedaços de doce.

A loja vizinha é ocupada por dois negros livres. Ex-escravos de ofício, de boa conduta e econômicos, conseguiram comprar do senhor sua alforria, preceito legal que lhes devolveu a liberdade e lhes atribuiu o estatuto de cidadãos, do qual se servem honestamente na cidade. Com efeito, que homem ousaria se dizer mais digno da consideração pública do que este mestre-barbeiro brasileiro, diante dos inúmeros serviços cuja lista está pomposamente exposta na porta de sua loja? Incansável até na hora do repouso geral, vemo-lo afiar as navalhas na mó, girada por um negro ainda boçal, ou cerzir meias de seda, ramo de atividade explorado exclusivamente em seus momentos de folga. Seu modesto recinto acha-se, neste momento, escuro e abandonado, mas daqui a duas horas estará perfeitamente iluminado por quatro velas já colocadas nas arandelas do pequeno lustre, economicamente construído com alguns pedaços de madeira torneada unidos entre si por um arame cujos contornos variados servem de haste para uma folhagem de lata.

Escravas negras de diferentes nações

Como introdução à prancha 22, dou certos pormenores sobre a importação de escravos no Brasil. Foi no princípio do século xv que os navegadores portugueses, depois da descoberta de algumas ilhas vizinhas da costa da África, trouxeram escravos negros, que empregaram no cultivo das terras do continente e das ilhas Canárias. Os portugueses também ergueram, em 1481, na mesma costa, o forte de São Jorge da Mina, e quarenta anos depois Afonso Gonçalves foi um dos primeiros a fazer o comércio de carne humana, que subsiste até nossos dias.

Anderson faz remontar a 1508 o ano em que os espanhóis importaram a cana-de-açúcar para São Domingos, bem como os negros para plantá-la. Em 1510, pouco tempo depois da conquista do Peru, Fernando, o Católico, rei da Espanha, para aí enviou, por sua vez, os primeiros escravos negros, e finalmente, em fins do século xv, a cana e o algodão foram cultivados na América por escravos africanos. Pouco a pouco os europeus foram fazendo o tráfico de negros na África, ao norte e ao sul da linha equinocial; mas um terço da população negra vem de alguns pontos principais da costa de Angola: de Cabinda, de Luanda, de Malemba, de São Paulo e Filipe de Benguela. Mas a Costa do Ouro fornece os melhores escravos, e em maior quantidade.

Na costa da África, a compra de negros faz-se por escambo: levam-lhes ferro em barra, aguardente, fumo, pólvora, fuzis, sabres, quinquilharias, tais como facas, machados, foices, serras, pregos etc. Os nativos também apreciam muito os panos de lã listrados ou de diversas cores vivas, e principalmente os tecidos de algodão e os lenços vermelhos. Viu-se no Congo um pai vender os filhos em troca de um traje velho de teatro, de cor vistosa e rico em bordados.

Assim, orientando-se por esse precedente, o diretor do Teatro Real do Rio de Janeiro, homem de posses, entregava às vezes a um capitão de navio negreiro uns molambos de figurinos de teatro para que, em troca, ele lhe trouxesse negros.

De fato, em 1820 ouvi um oficial de marinha francês contar, de volta da África, que, tendo obtido uma audiência particular com um desses régulos africanos, encontrara-o (não sem espanto) sentado numa rica poltrona de madeira, metido numa casaca de lã escarlate, enfeitada de um largo bordado de ouro (tudo meio desbotado, é verdade) e com um pedacinho de pano de um pé quadrado amarrado à cintura, completando o traje de gala.

Assim, esse monarca bondoso, preto, vermelho e dourado, de resto infinitamente amável, explicou-lhe que sua autoridade real se limitava a ser o conciliador de seus súditos em tempos de paz e seu general em tempos de guerra: império natural da sabedoria unida à bravura, que também domina o selvagem do Brasil! Em certas regiões, empregam-se, para o contrabando, os cauris, espécie de conchas das ilhas Maldivas, vulgarmente chamados cabaços.

Um negro custava ao chefe da expedição quatrocentos francos, inclusive com o direito de uso no litoral, o que consistia em retribuições cobradas pelos reis da terra e pelas feitorias europeias. Nos últimos tempos, um negro fantástico de cinco pés e cinco polegadas custava, na costa da Guiné, quase seiscentos francos; as mulheres eram pagas a quatrocentos.

Em 1816, a cupidez dos traficantes levava-os a embarcar até 1500 negros em um navio apertado: assim, poucos dias depois da partida, a falta de ar, a tristeza, a insuficiência de uma alimentação saudável, provocavam febres e disenterias; e todo dia um contágio maligno dizimava essas vítimas infelizes, acorrentadas no fundo do porão, sempre ofegantes de sede e só respirando o ar pútrido das dejeções infectas que sujavam ao mesmo tempo os mortos e os vivos; assim, o navio negreiro que embarcava 1500 escravos na costa da África, após uma travessia de dois meses, só desembarcava trezentos a quatrocentos indivíduos, que escapavam a essa horrível mortandade.

Impressionados com essa perda de homens, que aumentava demais o preço dos escravos, os traficantes sentiram necessidade de trazer menos negros de cada vez e de tratá-los mais humanamente; de fato, desde então proporcionam-lhes uma distração consoladora, deixando-os subir todo dia ao convés, cujo ar puro os predispõe mais facilmente a dançar de vez em quando ao som de uma música que, apesar da mediocridade, ainda os encanta, e bem mais quando a eles se juntam as negras dançarinas. No dia seguinte, essa distração é substituída por exercícios violentos, que costumam estimulá-los; entretanto, se alguns demonstram tristeza exagerada, forçam-nos, a chicotadas, a participar da alegria geral; tristes ou alegres, porém, continuam acorrentados uns aos outros, a fim de evitar as revoltas ou que se destruam voluntariamente atirando-se nas ondas do mar.

Quando chegam os negros novos, são examinados, regateados, selecionados como gado; examinam-lhes a cor da tez, a consistência das gengivas etc., para saber seu estado de saúde; em seguida fazem-nos saltar, gritar, levantar pesos, a fim de apreciar o valor de suas forças e agilidade.

Quanto às negras, são avaliadas de acordo com a idade e os encantos. Esses pobres escravos, na maioria prisioneiros de guerra em seus países e vendidos pelos vencedores, desembarcam convencidos de que vão ser devorados pelos brancos e resignam-se, em silêncio, a acompanhar o novo dono que os compra.

Um antigo tratado assinado com a Inglaterra regulava até o preço dos negros para os portugueses, que só podiam trazer para o Rio de Janeiro negros da costa do sul da África, e por isso mesmo de uma raça mais fraca e muito mais baixa que a do norte. Durante o ano de 1828, foram importados pelo Brasil 430 601 escravos, e durante os seis primeiros meses de 1829, 23 315.

As doenças cujos germes mais ou menos desenvolvidos eles trazem são a sarna, que às vezes já é visível e que os traficantes escondem com unguentos; a disenteria e a varíola, contra a qual existe uma lei obrigando todo dono de escravos a vaciná-los. As nações africanas mais presentes no Rio de Janeiro são os benguelas, minas, ganguelas, banguelas, minas nagôs, minas mahijos, sas, rebolos, caçanjes, minas calavas, cabindas de água doce, cabindas mossudas, congos, moçambiques. Estas últimas compreendem um grande número de nações vendidas no mesmo ponto da costa, como a astre etc.

Para completar as recordações do viajante europeu que visitou a capital do Brasil, reúno aqui uma coleção de negras, de raças e condições diversas. Mais tarde reproduzirei os negros, numa prancha especialmente dedicada a eles.

1. Rebolo, criada de quarto, imitando com sua carapinha as massas de cabelo do penteado de sua senhora.

2. Congo, negra liberta, mulher de um negro operário (traje de visita).

3. Cabra, crioula filha de mulato e negra, de cor mais parda que a de um mulato (traje de visita).

4. Cabinda, parteira bem-vestida para ir levar uma criança à pia batismal.

5. Crioula, escrava de casa rica, de baeta na cabeça.

6. Cabinda, criada de quarto de uma jovem senhora rica.

7. Benguela, criada de quarto da proprietária de uma casa abastada.

8. Calava, jovem escrava vendedora de legumes, tatuada com terra amarela; está penteada com uma tirinha de crina bordada com miçangas e usa pingentes do mesmo material presos no cabelo.

9. Moçambique, negra livre recém-casada.

10. Mina, primeira escrava de um negociante europeu (a favorita do sultão, sujeita a chicotadas).

11. Monjola, antiga ama de leite e governanta de casa rica.

12. Mulata, filha de branco com negra, mulher manteúda.

13. Moçambique, escrava numa casa de fortuna média.

14. Banguela, escrava vendedora de frutas, penteada com vidrilhos.

15. Caçanje, primeira escrava de um artesão branco.

16. Angola, negra livre, quitandeira.

As negras monjolas são mais particularmente geniosas, mas compartilham da alegria, da vaidade e sobretudo da sensualidade que caracterizam as congos, rebolos e benguelas.

Coleta para a manutenção da igreja do Rosário,
por uma irmandade negra

É notório que a devoção dos negros católicos, no Rio de Janeiro, contribuiu, só com suas esmolas, para a construção de várias igrejas. A mais extraordinária foi a iniciada no largo de São Francisco de Paula [...]

Em todas as irmandades religiosas, a necessidade dessas coletas criou o costume de, durante a festa do padroeiro da igreja, instalar dentro do templo e perto da entrada uma mesa, presidida pelo irmão mais graduado, assistido por vários confrades e um secretário, espécie de tesoureiro encarregado de registrar as cotizações voluntárias de todos os confrades ou de suas famílias.

Negras novas a caminho da igreja para o batismo

Embora tenha caído em desuso, o artigo da lei primitiva sobre a escravidão, que prescrevia aos brasileiros mandar batizar seus negros novos num prazo estipulado, deixou traços, porém, de seu objetivo moral no coração dos proprietários nativos: na verdade, agora é raro encontrar um negro que não seja cristão; ademais, considerado do ponto de vista político, esse freio de uma religião tão tolerante torna-se também uma garantia para a segurança do senhor obrigado a comandar uma centena de escravos juntos.

Essa observância é mais fácil ainda para o citadino na medida em que circulam nas ruas alguns negros velhos livres, instrutores de profissão, e ao mesmo tempo professores que ensinam os preceitos da religião católica, sendo especialmente mais apreciados pela vantagem que têm de falar várias línguas africanas, o que acelera os progressos dos novos catecúmenos [...]

Prescrevem-lhe também a persignação religiosa, que ele faz pedindo previamente a bênção ao branco que encontra sozinho num caminho, ou com quem tenha de falar; nesse caso, ele inclina o busto, estica a mão direita meio fechada, em sinal de cumprimento, e diz humildemente "A bênção, meu senhor"; recebe a resposta lisonjeira: "Deus te faça santo", ou, mais laconicamente, "Viva".

De negro para negro, não se atrevendo a pedir a bênção, um apenas deseja que o outro se torne branco, com a invocação "Deus te faça branco!", que eles deformam dizendo "Deus te faz balanco". Finalmente, "A bênção, meu senhor!" é a fórmula repetida pela negra quando ensina a seus negrinhos, até à criança de peito, pronunciando-a ao mesmo tempo que mantém seu braço esticado. Em suma, para o negro é uma demonstração de respeito e lealdade.

Manhã de quarta-feira santa

No Rio de Janeiro, como em Roma, as leis da Igreja católica relativas à comunhão também impõem, a cada padre, a obrigação de fazer o recenseamento de seus paroquianos, no início da Quaresma, para controlar mais tarde a obediência dos fiéis no cumprimento desse ato religioso. Entretanto, o recenseamento no Brasil torna-se mais complicado na medida em que um dono de casa é obrigado, conscienciosamente, não só a aproximar do altar todos os membros de sua família, como também a conseguir que o maior número possível de seus escravos se confessem, e muito em especial suas negras, porque estas, empregadas exclusivamente no serviço das senhoras, devem partilhar com mais escrúpulo as práticas de devoção.

Mas a execução desse ato obrigatório também se torna para o clero uma sobrecarga extremamente cansativa, em particular nas duas últimas semanas da Quaresma; pois, a partir do domingo da Paixão, todas as igrejas ficam abertas para a confissão, das cinco às dez horas da manhã, e reabrem à noite, das nove às onze horas. Primeiro expediente, favorável sobretudo aos funcionários das repartições; e em geral a afluência aumenta a partir da quarta-feira santa, quando as igrejas abertas dia e noite oferecem em permanência confessores à escuta dos fiéis.

Assim, vemos em cada paróquia, durante esses últimos dias, as catacumbas, as sacristias e todos os corredores de comunicação obstruídos por uma multidão de penitentes constantemente em pé, reunidos em torno de confessores sentados caridosamente em muretas, em banquinhos de madeira ou outro assento improvisado, enquanto, ao contrário, dentro das igrejas os confessionários são especialmente reservados às mulheres de todas as classes.

Também em cada paróquia, para facilitar a imensa distribuição de cartões de confissão, manda-se imprimir o formulário, no qual só resta, depois, acrescentar o nome da pessoa que o solicita.

Quanto à comunhão, quando uma fila dupla de fiéis está formada em torno do altar, vê-se chegar da sacristia um clérigo encarregado de pôr uma rubrica, sucessivamente, nos cartões de confissão de todas as pessoas preparadas para comungar; logo depois aparece o padre, com o cibório na mão, escoltado por quatro membros da irmandade do Santíssimo Sacramento, cada um portando um grande círio aceso, e seguidos de um quinto que carrega uma enorme taça de estanho cheia de água, da qual cada comungante bebe um gole.

Um dos irmãos, que precede o padre, pega, um por um, o cartão de confissão de cada pessoa que vai comungar; finalmente, quando se encerra a cerimônia, os comungantes esperam a volta do padre, que lhes devolve os cartões munidos gratuitamente de todas as formalidades prescritas.

Uma mulher que se aproxima da comunhão deve, segundo a praxe, estar vestida de preto, com o cabelo penteado e a cabeça coberta com um véu. O mesmo vale para a confissão; até das negras exige-se que cubram a cabeça com um lenço ou um xale, e para elas é prova de alto grau de civilização serem recebidas para a comunhão.

Casamento de negros escravos de uma casa rica

É igualmente decente e de bom-tom, numa casa rica no Brasil, fazer as negras se casarem, sem no entanto contrariar demais suas preferências na escolha de um marido; esse costume se baseia na esperança de ligá-las mais à casa [...]

Na cerimônia do casamento, é o criado de nível superior que serve de padrinho ao inferior, e é Nossa Senhora que serve de madrinha a todos [...]

A pose das negras é imitada de suas senhoras; como elas, seguram o leque enrolado no lenço branco.

Queimação do Judas, no sábado de Aleluia

A sensação de contrastes, que fecunda de modo tão especial o gênio dos povos meridionais da Europa, também se encontra aqui no brasileiro, hábil em fazer suceder ao lamentável espetáculo dos passos da paixão de Jesus Cristo, carregados em procissão durante a Quaresma, o enforcamento solene de Judas, no sábado de Aleluia. Piedosa justiça, que é motivo para um fogo de artifício disparado às dez horas da manhã, no momento da aleluia, e que põe em rebuliço toda a população do Rio de Janeiro, alegre em ver os trapos incendiados desse apóstolo perverso, dispersados no ar pela explosão de bombas e logo consumidos, ao som dos vivas do populacho. Cena repetida no mesmo instante em quase todas as praças da cidade.

Família pobre em casa

O desenho representa o interior da habitação de uma velha viúva desafortunada, que ficou sozinha com a filha e uma negra velha.

Quando se observa a progressão decrescente de uma fortuna brasileira, numa família que caiu da opulência ao último grau de pobreza, por infortúnios sucessivos, encontra-se sempre o mais velho escravo ainda válido, que ficou sozinho junto de seus senhores, prestando-lhes os últimos socorros com suas forças quase esgotadas [...] Este soalho móvel serve à noite de estrado de madeira para a negra, que aí dorme deitada sobre sua esteira.

No primeiro plano, a moça da casa, ainda na flor da idade, está sentada numa escadinha e emprega sua habilidade em fabricar renda para custear a manutenção de seu vestuário; enquanto isso, a velha negra, útil companheira de infortúnio, com o barril à cabeça, exerce durante o dia inteiro o ofício de carregadora de água pelas ruas da cidade, para trazer cada noite a suas senhoras de seis a oito vinténs, pequena renda destinada ao sustento dessas três pessoas.

Escolhi o momento do regresso da negra, que entrega à sua jovem ama o resto do ganho do dia, do qual foi descontada a compra de algumas bananas para a ceia frugal de todas as moradoras da casa.

Vendedor de flores no domingo, à porta de uma igreja

Assim representei o criado de uma casa rica, parado diante da porta de uma igreja, no domingo, para vender suas flores em benefício do seu dono, enquanto acrescenta, por conta própria, a venda a varejo de pedaços de coco, petisco econômico da classe média. Pode-se observar também o cuidado do vendedor em conservar o frescor dos cravos, espetando-os num talo de bananeira, que ao mesmo tempo lhe serve para oferecê-los.

Um funcionário do governo sai a passeio com a família

A cena aqui desenhada representa a saída a passeio de uma família de fortuna média cujo chefe é funcionário do governo. Segundo o antigo hábito ainda observado nessa classe, o chefe de família vai na frente, seguido imediatamente de seus filhos, enfileirados por ordem de idade, o mais moço sempre em primeiro; em seguida, vem a mãe, ainda grávida; atrás dela, sua criada de quarto, escrava mulata, infinitamente mais apreciada no serviço do que uma negra; em seguida a ama de leite negra, a escrava da ama de leite, o negro doméstico do senhor, um jovem escravo que está aprendendo o serviço; segue-se o novo negro, recém-comprado, escravo de todos os outros e cuja inteligência, mais ou menos viva, deve se desenvolver aos poucos à base de chicotadas; o guarda da casa é o cozinheiro [...]

Há alguns anos, por imitação dos hábitos franceses passou a ser de bom-tom que os cavalheiros, no passeio, deem o braço às senhoras casadas ou viúvas, e as senhoritas, caminhando duas a duas, se deem o braço mutuamente, maneira infinitamente mais cômoda de manter uma conversa antes travada sem se olharem: dissimulação exigida ou garantia inútil do silêncio que gostavam de chamar decência.

Negros carregadores de cangalhas

A profissão diferente de cangueiros deve seu nome às cordas de ganchos que, no Brasil, são usadas para pendurar os fardos das bestas de carga nos ganchos de uma armação chamada cangalha.

Esses carregadores empregam de fato as mesmas cordas para pendurar os fardos numa vara enorme apoiada em seus ombros; e esse método, considerado com toda razão o melhor para transportar os móveis pesados e os frágeis, tal qual as cômodas, os pianos, espelhos etc., também é empregado para o transporte de pipas de aguardente e caixas de açúcar.

Enterro de uma negra

Não há diferença entre o cerimonial do préstito fúnebre de uma negra e o de um homem da mesma raça, salvo a composição do cortejo, formado unicamente de mulheres no primeiro caso, com exceção dos dois carregadores, do mestre de cerimônias e do tocador de tambor [...]

Entre os da nação moçambique, as palavras desse canto fúnebre são mais extraordinárias por seu sentido inteiramente cristão, pois, entre os outros, elas se reduzem a lamentos contra a escravidão, e, mesmo assim, expressos de um modo muito grosseiro. Registro aqui o texto moçambique expresso em português:

"Nós estamos chorando nosso parente, não enxerguemos mais; vai embaixo da terra até o dia do juízo, hei de século seculorum, amém."

Quando a falecida é da classe indigente, seus parentes e amigos aproveitam a manhã para transportar o corpo em uma rede e pô-lo no chão, junto do muro de uma igreja, ou então perto da porta de uma venda. Ali, uma ou duas mulheres mantêm uma pequena vela acesa, perto da rede, e convidam os passantes caridosos a completar, com módicas esmolas, a quantia necessária para as despesas de sepultura na igreja ou, mais economicamente, na Santa Casa da Misericórdia.

Liteira para viajar ao interior

Reconhece-se no Rio de Janeiro a casa de comércio do antigo e rico negociante brasileiro, proprietário de engenho, pela liteira parada ao portão ou num canto escuro da loja; são frequentes os exemplos, sobretudo na rua Direita, indo para São Bento, nas da Candelária, da Quitanda, e da Mãe dos Homens. A mais bela dessas viaturas, que não sofreu a influência dos progressos do luxo, é ainda, como outrora, coberta de couro preto fixado por pregos dourados. Sem dúvida, ela deve a conservação de sua forma e de suas cores primitivas à especialidade de seu uso, pois há mais de três séculos serve apenas para percorrer as florestas virgens e atravessar os riachos que as cortam a cada passo. Enfim, tal como é, torna-se indispensável à dona da casa, que, segundo o costume, vai visitar uma vez por ano suas fazendas, época dedicada a reuniões de família que se prolongam de um mês a seis semanas. Entretanto, muitas senhoras viajam a cavalo, e as jovens sobretudo não disfarçam seu desprezo pela liteira.

Primeira saída de um velho convalescente

O brasileiro, submetido desde a infância às práticas religiosas, é naturalmente levado pela devoção, quando atacado por uma doença grave, a prometer uma doação, em benefício da igreja, para merecer a convalescença: piedosa obrigação aprovada pelo confessor e que o convalescente se apressa em cumprir logo após o seu restabelecimento. Mas, por um sentimento mundano que se mescla aos deveres religiosos, esse ato de humildade e gratidão diante do Criador adquire para o homem rico um aspecto de ostentação que eclipsa diariamente, aos olhos da multidão, o mesmo gesto praticado pelo pobre, cuja oferenda modesta, mas igualmente meritória, sem dúvida, mal se nota quando ele a deposita ao pé do altar.

Trajes de desembargadores

Vemo-los aqui descer da carruagem à porta do Palácio da Justiça, na rua do Lavradio. Um de seus criados, encarregado do saco de veludo que guarda as pastas dos processos, espera-os para segui-los pelas salas. Alguns clientes postados à entrada da porta tentam, humildemente, ser notados pelos juízes benevolentes. As duas segas com cabos compridos, em forma de alabardas e colocadas fora da porta principal do tribunal, anunciam ao público que neste momento está ocorrendo o julgamento do processo de um criminoso. Com efeito, essa arma é carregada pelos dois beleguins do tribunal que escoltam a vítima a caminho do suplício.

Vista do largo do Paço no Rio de Janeiro

Os aposentos do imperador ocupam todas as janelas do centro. Assim, é na sacada do meio que o imperador aparece. Foi também desse lugar que d. Pedro anunciou ao povo a Independência do Brasil reconhecida por Portugal e a ratificação da suspensão do tráfico negreiro. Mas foi, ao contrário, da segunda janela da fachada que dá para a praça que ele anunciou, como vice-rei, a aceitação antecipada da Constituição portuguesa, enquanto o rei d. João VI, sozinho na primeira janela do mesmo lado, sancionou em voz alta o que seu filho acabava de pronunciar, dizendo ao povo: "Sou por tudo o que acaba de dizer meu filho"; última aparição do rei nas janelas do Paço do Rio de Janeiro. O chafariz construído com luxo, e que decora o cais do largo do Paço, serve igualmente ao abastecimento de água deste bairro e ao da marinha ancorada na baía; escadarias paralelas, abertas dos dois lados da ponta avançada que lhe serve de base, oferecem dois pontos de desembarque, pouco frequentados porém, ao passo que mais à esquerda avança a parte mais bonita deste cais, sobre o qual, de longe, parece pousada a fachada do palácio; está visível a escadaria da direita; a da esquerda, que aqui não se vê, não passa, na verdade, de uma ladeira suave, ponto de desembarque efetivo, conhecido pelo nome de rampa do largo do Paço, onde as pirogas não estão autorizadas a acostar.

Foi nessa rampa que, em 16 de setembro de 1815, imprimiu-se o primeiro passo da Corte de Portugal; ponto de desembarque destinado a acolher mais tarde, em 22 de abril de 1820, os últimos passos da rainha Carlota e de suas três filhas; mas esses leves vestígios logo foram apagados pela multidão de portugueses apressados em regressar a Lisboa.

Partida da rainha para Portugal

[...] pelas quatro horas da tarde do dia 21 de abril de 1821, a rainha dirigiu-se ao Paço da cidade, para receber solenemente as despedidas dos corpos constituídos e os protestos de fidelidade dos portugueses, impacientes por juntarem-se a Suas Majestades na mãe pátria. Após essa última formalidade, a rainha e suas filhas desceram a rampa do palácio, onde aguardava a galeota da corte para conduzi-las a bordo do navio real.

Viam-se os parapeitos e uma parte da praça ocupados por curiosos estrangeiros e brasileiros, cujo silêncio contrastava com a viva emoção dos portugueses, os quais abanavam o lenço em sinal de dedicação à Corte, que ousava se afastar sem remorsos desta terra hospitaleira e tão generosa. Ingratidão inaudita, muito bem expressa pela rainha, no seu último adeus, que exclamou ironicamente em tom de delírio: "Vou enfim encontrar uma terra habitada por homens!". Mas, cruel decepção! Desde esse momento tudo também estava mudado para ela, na Europa.

Aclamação de d. Pedro II, segundo imperador do Brasil

Finalmente, já gemendo sob o peso de uma grandeza precoce demais e que o obriga, mesmo sem conhecê-la, a mostrar-se ao povo [...]

Foi por volta de uma hora da tarde, no dia 7 de abril de 1831, que o novo imperador Pedro II veio à cidade [...] Da igreja, foi para o Paço e apareceu na sacada dos grandes aposentos de honra. Ocupava a direita da janela do meio, e suas irmãs estavam à esquerda [...] O jovem imperador, apoiado por seu tutor José Bonifácio, mantinha-se de pé sobre uma poltrona, de modo a ser visto pelo povo, e respondia às aclamações gerais abanando o lenço que segurava na mão.

Através da fumaça das salvas da artilharia e da mosquetaria, entrevia-se na praça uma multidão imensa de cidadãos levando na mão ramos de arbustos que eles agitavam em direção do palácio, em sinal de júbilo [...] A última salva, repetida na baía pela artilharia dos fortes e da marinha, anunciou a d. Pedro I, então a bordo da nau capitânia inglesa, a realização de sua terrível decisão, tomada tão recentemente em favor de seu sucessor: resignado, ele logo redigiu suas derradeiras despedidas ao povo brasileiro. Poucos instantes depois, e de acordo com seus votos, elas foram transmitidas publicamente, por intermédio da imprensa. Assim terminou esse grande dia ardentemente desejado pelos patriotas brasileiros, entusiasmados ao ver, no futuro, o poder nacionalizado, desde a base até o topo, e reorganizado em doze horas por uma lealdade unânime.

Pano de boca executado para a representação extraordinária
dada no Teatro da Corte por ocasião da coroação
de d. Pedro I, imperador do Brasil

O fim do ano de 1822 foi admirável de entusiasmo no Rio de Janeiro: a Independência fizera de d. Pedro defensor perpétuo e imperador constitucional do Brasil [...]

O teatro não podia ficar alheio a esse movimento. Assim, a regeneração nacional imprimiu imediatamente ao estilo do "elogio", português de origem, o toque viril do paulista e do mineiro, cuja verve espiritual mais de uma vez horrorizara os ex-ministros de Lisboa. Nessas circunstâncias, o diretor do teatro sentiu, pois, mais que nunca a necessidade de substituir a pintura de sua velha cortina de proscênio, que representava um rei de Portugal cercado de súditos ajoelhados. Pintor do teatro, fui encarregado do novo pano, cujo esboço representava um ato de devoção geral da população brasileira ao governo imperial, sentado em seu trono à sombra de uma rica tapeçaria estendida sobre palmeiras. Essa composição foi submetida às observações do primeiro-ministro José Bonifácio, que a aprovou. Ele apenas me pediu que substituísse as palmeiras naturais por um motivo arquitetônico regular, para afastar toda ideia de estado selvagem.

Coroação de d. Pedro I, imperador do Brasil

As distrações dos ricos depois do jantar

O brasileiro rico deixa a mesa no momento em que a atmosfera, já quente há seis ou sete horas, espalha sua influência sufocante até o interior das habitações, e ele está com a boca ardendo pelo estimulante dos temperos e com o palato verdadeiramente queimado pelo café escaldante; já semidesvestido, vemo-lo procurar em seus aposentos, quase em vão, a sombra e o descanso, pelo menos durante duas ou três horas; por fim adormecendo, dessa vez banhado de suor sem nem perceber, ele acorda lá pelas seis da tarde, momento mais fresco, quando começa a viração. Então, com a cabeça meio pesada, cansado por causa do trabalho da digestão, manda trazer um enorme copo de água, que ele bebe enxugando lentamente o suor que escorre por seu peito. Voltando-lhe aos poucos seus sentidos, ele escolhe uma agradável distração, que o ocupa até o cair da noite, hora em que faz a toalete e prepara-se para receber as visitas ou sai de casa, a qual examinaremos em detalhe.

[...] É aí que durante o silencioso recolhimento que se segue ao jantar, protegido dos raios do sol, o jovem brasileiro abandona-se sem reserva ao domínio da *saudade* (esse balanço delicioso da alma, traduzido de modo muito imperfeito como a doce e sonhadora melancolia). Essa delicada saudade, quintessência da volúpia sentimental, apodera-se então de sua verve poética e musical, que se derrama nos sons expressivos e melodiosos da flauta, seu instrumento predileto, ou ainda num acompanhamento cromático improvisado ao violão, cujo estilo apaixonado ou ingênuo colore sua engenhosa modinha. Satisfeito com o passatempo e com essa nova produção que o enriquece, ele prepara, no encantamento de seu delírio, o novo triunfo que o aguarda no salão, algumas horas mais tarde.

Uma senhora brasileira em seu lar

O sistema dos governadores europeus, que tendia constantemente a manter, nas colônias portuguesas, a população brasileira privada de conhecimentos e isolada na escravidão dos hábitos rotineiros, limitara a educação das mulheres aos simples cuidados do lar; assim, por ocasião de nossa chegada ao Rio de Janeiro, a timidez, resultante da falta de educação, fazia as mulheres temerem as reuniões um pouco numerosas, e mais ainda qualquer espécie de comunicação com estrangeiros.

Tentei, pois, reproduzir essa solidão habitual desenhando em seu lar uma senhora, mãe de família de parca fortuna; vemo-la sentada, como de costume, na sua marquesa (espécie de cama de forma etrusca, feita de jacarandá, cujo assento é um couro de boi bem esticado), que de dia serve de canapé, bastante fresco e cômodo num país quente, para se ficar muito tempo sentado com as pernas cruzadas, à maneira asiática. Bem perto dela, e bem a seu alcance, acha-se o gongá destinado a guardar as peças de roupa de baixo; entreaberto, deixa de fora a ponta do chicote, um enorme açoite inteiramente de couro, instrumento de castigo com que os senhores ameaçam seus escravos a toda hora.

Do mesmo lado, o pequeno mico-leão, preso pela correntinha a um dos encostos desse móvel, serve de inocente distração à sua dona; embora seja um escravo privilegiado, feliz com seu movimento perpétuo e seus trejeitos, não deixa de ser reprimido de vez em quando, como os outros, com ameaças de chicotadas. A criada de quarto, negra, trabalha sentada no chão, aos pés da senhora; reconhecem-se o luxo e as prerrogativas dessa escrava pelo comprimento de seus cabelos cardados, que formam por assim dizer um cilindro encarapinhado, sem adornos e aderente à cabeça, penteado sem gosto e característico da escrava de uma casa pouco opulenta. A moça da casa, pouco adiantada na leitura, conquanto já bem grande, mantendo a mesma atitude de sua mãe, embora colocada num assento infinitamente mais incômodo, esforça-se para soletrar as primeiras letras do alfabeto, traçadas no pedaço de papel que ela segura na mão. À direita, outra escrava, cujos cabelos cortados muito rente revelam o nível inferior, sentada um pouco mais afastada de sua senhora, também está ocupada com trabalhos de agulha. Pelo mesmo lado avança um moleque (jovem escravo negro) trazendo o enorme copo de água solicitado diversas vezes durante o dia para matar a sede constantemente provocada pelo abuso dos alimentos apimentados demais ou pelas compotas açucaradas. Os dois negrinhos, apenas em idade de se manter de pé e aos quais é permitido dividir os privilégios do pequeno mico-leão, no quarto da dona da casa, testam suas forças em liberdade, sobre a esteira da criada de quarto. Essa pequena população nascente, fruto da escravidão, torna-se, ao crescer, objeto de especulação muito lucrativa para o proprietário, e no inventário é considerada como um bem imóvel.

Na época em que desenhei esta cena silenciosa, ela se reproduzia, com maior ou menor frequência, em cada casa da cidade; devo acrescentar com justiça que em 1830, ao contrário, não era raro ver as filhas de um simples funcionário já se distinguirem pela dança, pela música e por vagas noções de francês, educação que as fazia brilhar nos saraus e dava-lhes a possibilidade de realizar um casamento mais vantajoso.

Interior de uma casa de ciganos

A casta dos ciganos caracteriza-se tanto pela rapacidade como pela trapaça que marca seu comércio exclusivo, e que consiste em vender negros novos e em trocar escravos ladinos, conseguidos por intermédio de agentes ardilosos que os seduzem ou os sequestram.

Os primeiros ciganos, vindos de Portugal, desembarcaram na Bahia e se estabeleceram aos poucos no Brasil, conservando em suas viagens os hábitos de um povo nômade.

Carros e móveis prontos para ser embarcados

Embora pareça singular, neste século das Luzes, encontrar no Rio de Janeiro o costume antigo de transportar fardos enormes postos singelamente sobre a cabeça de carregadores negros, o fato é que a totalidade da população brasileira desta cidade, acostumada a esse sistema que garante o ganho diário de seus escravos empregados nos serviços públicos de rua, se opõe, até hoje, à introdução de qualquer meio de transporte, tal como os carros atrelados; inovação que comprometeria, em pouquíssimo tempo, não só os interesses do proprietário de inúmeros escravos, como também a existência da classe mais numerosa, a do pequeno rentista e da viúva indigente, cujo escravo toda noite traz alguns vinténs necessários, muitas vezes, à compra das provisões para o dia seguinte. É esse meio de transporte, geralmente adotado, que enche a todo instante as ruas da capital desses enxames de negros carregadores, cujas canções repetidas importunam tão frequentemente o estrangeiro pacato entregue a ocupações sérias na sua casa de comércio. Entretanto, há alguns anos um regulamento de polícia proíbe aos negros, nas ruas, todas as exclamações barulhentas demais que eles se permitiam ao cantar.

Negros de carro

Seis negros são empregados no serviço de um carro desses, sendo que quatro, à frente, puxam-no com cordas, e os dois outros, atrás, empurram a massa rolante. A carreta e os seis negros pertencem ao mesmo dono. Cada viagem custa duas patacas e quatro vinténs.

Encontra-se um número extraordinário desses carros parados junto ao muro que se prolonga até a porta da alfândega. Ali, durante as horas de funcionamento desse estabelecimento, uma parte dos negros descansa em suas carretas, enquanto seus camaradas ficam de olho nos comerciantes de quem esperam trabalho. Mas também é indispensável, para o negociante que os emprega, encarregar um homem de confiança de acompanhar o transporte de suas mercadorias, a fim de se prevenir contra os roubos cometidos por esses carregadores infiéis, nas inevitáveis pausas durante o trajeto.

Mercado da rua do Valongo

Essa sala de venda, o mais das vezes silenciosa, está sempre infectada pelos miasmas de óleo de rícino exalados pelos poros enrugados desses esqueletos ambulantes, cujo olhar curioso, tímido ou triste nos lembra um zoológico. Nesse mercado, transformado porém, às vezes, em salão de baile, por licença do patrão, ecoam então os urros ritmados de uma fila de negros rodopiando e batendo com as mãos para marcar o compasso: espécie de dança muito semelhante à dos índios do Brasil.

[...] Reproduzi aqui uma cena de venda. Pela disposição do local e a simplicidade do mobiliário, identifica-se um cigano de fortuna mediana, revendedor de escravos. Dois bancos de madeira, uma poltrona velha, uma moringa e o chicote suspenso perto dele constituem a mobília de seu armazém. Neste momento, os negros que aí estão depositados pertencem a dois proprietários diferentes. A diferença de cor dos panos que os cobrem serve para distingui-los; uns são amarelos e os outros, vermelho-escuros.

[...] O jeito desleixado do negociante corresponde à grosseria de seus costumes; ademais, a julgar pela tez mortiça e pelo inchaço do ventre, ele tem os sintomas das oclusões que trouxe da costa da África, cujo clima é tão insalubre que as tropas estrangeiras aí só podem estacionar por três anos, devendo em seguida ser substituídas por outras mais saudáveis.

O colar de ferro, castigo dos negros fugidos

O colar de ferro é o castigo aplicado ao negro que tem o vício de fugir; assim, a patrulha de polícia tem ordem de prender qualquer escravo que o use e seja encontrado de noite zanzando pela cidade, e deve deixá-lo na cadeia até o dia seguinte. Avisado então, o senhor vai buscar seu negro, ou manda que um soldado o conduza à prisão de correção dos negros, agora no Castelo.

O colar de ferro é dotado de uma ou várias hastes, não só para tornar-se ostensivo, como também para ser agarrado, quando se pega o negro, sobretudo em caso de resistência; pois apoiar-se vigorosamente na haste produz a pressão inversa do outro lado do colar, que levanta com força o maxilar do capturado: dor horrorosa, que logo o faz ceder, e muito mais prontamente ainda quando a pressão é renovada por sacudidelas.

Diferentes nações de negros (cabeças)

O número 1 é um negro monjolo, reconhecível pelas incisões verticais de suas faces.
O número 2 é um negro mina de tez acobreada bastante clara; sua tatuagem se compõe de uma série de pontinhos salientes formados pelo inchaço das cicatrizes: de um preto arroxeado, sobressaem na pele.
Número 3, belo moçambique do sertão: é um negro de elite empregado nos armazéns da alfândega; é reconhecível não só por seu lábio superior e suas compridas orelhas furadas, mas também pelo sinal em meia-lua que traz na testa, marca aplicada com um ferro quente nos negros que são vendidos nas feitorias da costa de Moçambique.
Número 4, outro moçambique, de estatura mais baixa e tez mais clara, na qual se destacam, preto-azuladas, as cicatrizes da tatuagem: a cor de sua pele indica que ele é do litoral.
Número 5, belo negro benguela, cujo penteado trabalhado nos detalhes se compõe de três tonalidades em dégradé: a mais clara é a parte raspada, a que se segue é produzida pelos cabelos cortados rente com tesoura, e a mais escura, pelos cabelos cortados a um polegar da raiz.

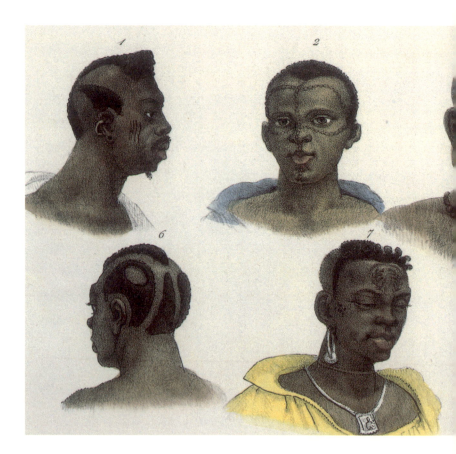

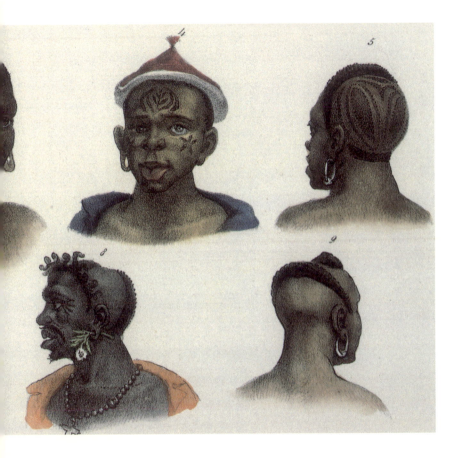

Número 6, mesmo sistema de penteado, mas de duas tonalidades apenas.
Número 7, negro calava, vendido na costa de Moçambique: sua tez é cobre-avermelhada, e suas cicatrizes, preto-azuladas, mas seu penteado, embora simples, é um exemplo do maior luxo nacional, que consiste na fila de mechas de cabelos cacheados ao redor da fronte. Se não tem o lábio superior furado, tem pelo menos o lábio superior alongado, operação, feita na infância, em que ele é comprimido entre dois pedacinhos achatados de madeira e fortemente presos.
O número 8 é outro exemplo de diadema de cabelos separados em mechas com, pelo menos, cinco polegadas de comprimento. O moçambique, durante o descanso, trata de enrolar essas pontas permanentemente; e os que não têm nenhuma parte da cabeça raspada dividem toda a cabeleira em pequenas mechas, o que deixa suas cabeças parecidas com o invólucro espinhoso de uma castanha-da-índia. Pode-se observar aqui a analogia que existe entre a mutilação da cabeça do botocudo e a do moçambique; mas este, pelo menos, enfeita suas orelhas com flores, folhas ou argolas, e com frequência aproveita suas incisões para aí guardar seus cigarros.
Por último, o número 9 é exemplo do mais simples penteado do gênero, o mais corrente entre os elegantes carregadores de fardos, negros de cangalhas ou de carros.

Negras livres vivendo de suas atividades

Já encorajado pelos felizes resultados das missões cristãs no Brasil, o governo português, mesmo aprovando por lei a escravidão dos negros em suas colônias americanas, sentiu necessidade de modificar sua dureza, dando-lhe pelo menos uma aparência de religião e de humanidade. Assim, lê-se no primeiro artigo do texto que todo comprador de escravos negros será obrigado a instruí-los na religião católica, a fim de serem batizados num prazo estipulado, sob pena de expropriação. O segundo, na verdade inteiramente de direito fiscal, ordena a venda desses negros não batizados, em benefício do governo; mas o terceiro, realmente filantrópico, determina o tempo de servidão ao fim do qual o escravo se torna livre.

Essa lei, como todas as leis iniciais, sofreu alterações, e em especial seu terceiro artigo, pouco favorável aos donos de escravos, cai de tal forma no esquecimento que, hoje, não só há no Brasil uma massa de escravos com vinte ou trinta anos de servidão, como, bem mais ainda, nas grandes propriedades rurais encontra-se o exemplo de uma quarta geração negra, que se extingue muito cristãmente no cativeiro! Na verdade, os negros não batizados são infinitamente poucos. Outro artigo [carta de alforria] dessa lei favorável aos negros, embora desrespeitado, ainda existia no Rio de Janeiro em 1816, e foi restabelecido com todo o vigor no Império.

Só o negro operário pode aspirar a essa felicidade, porque, já posto por seu senhor a serviço do artesão que o emprega, ele pode, por sua habilidade e seu bom comportamento, interessá-lo em ajudá-lo, a ponto de obter dele o adiantamento da totalidade dessa quantia, constituindo-se, por escrito, seu escravo operário até que o número de suas jornadas, calculadas com base em um preço combinado, tenha amortizado a dívida contraída.

O escravo de qualidade inferior, e por conseguinte mais barato,

também encontra esse recurso, a título de esmola ou de empréstimo, na generosidade de seus compatriotas, que se juntam para ajudá-lo.

Em tais circunstâncias, a negra tem sempre mais oportunidades favoráveis, mesmo em igualdade de méritos, pois está sob a influência direta da generosidade de seu padrinho, quase sempre homem rico, e dos filhos e amigos de seu senhor, e finalmente de seus amantes, às vezes até mesmo de um branco, que, sozinho, faz-lhe o adiantamento a título de empréstimo, constituindo-se legalmente seu senhor até o reembolso da quantia, calculada sobre um tempo limitado de trabalho.

Seria injusto não acrescentar que é costume generoso no Brasil, entre gente rica, conceder por testamento, e a título de recompensa, a liberdade a certo número de seus escravos dos dois sexos, ato de caridade infinitamente vantajoso para os negros de um senhor que morre na flor da idade, e cujas disposições liberais estendem-se por vezes até a doação de uma quantia de dinheiro ou a constituição de uma pequena pensão vitalícia.

O mesmo acontece com o artesão solteiro mais ou menos rico, que, escrupuloso na hora da morte, concede religiosamente a liberdade à sua negra predileta, por ter lhe servido de mulher.

Observa-se também que, na classe das negras libertas, as mais bem-educadas e as mais inteligentes procuram logo entrar, como operárias por ano ou só por dia, numa loja de modista ou de costureira francesa, título que mais tarde lhes propicia trabalhar por conta própria nas casas brasileiras para onde levam, junto com seu talento, a imitação muito benfeita das maneiras francesas, com trajes requintados e uma aparência muito decente.

Outras, pouco caprichosas nos trabalhos de agulha, dedicam-se ao comércio de legumes e frutas, instalando-se nas praças; as mais ricas e estabelecidas em loja chamam-se quitandeiras.

Pequena moenda de cana portátil

Essa pequena máquina, bastante comum, que vi instalada numa das lojas do largo da Carioca, serve para espremer o caldo de cana. Esse licor, sem preparação, só pode ser guardado 24 horas sem fermentar, e serve diariamente aos vendedores de bebidas para adoçar os copos de água que eles gostam de chamar de capilé: bebida muito refrescante cujo consumo foi propagado por seu preço módico. Pode-se ter uma ideia das grandes moendas de cana pelo pequeno modelo que apresento, imaginando-se um motor hidráulico ou a tração animal. Os cilindros dessa máquina têm, então, de quatro a cinco pés de altura. Ela é sempre construída debaixo de um grande galpão.

Negros vendedores de capim e de leite

Toda manhã, entre esses especuladores, o senhor indica a seu escravo a quantidade de leite que lhe é entregue e o produto da venda que exige dele.

O negro vendedor, já sabendo, embora meio boçal, calcular a fim de evitar um castigo caso erre na conta, também não demora a descobrir o meio de conseguir, ilicitamente, um copo de cachaça, sem tocar, porém, na quantia prescrita; é o que ele faz, no caminho, acrescentando ao leite um copo de água, na presença de seus companheiros, e na própria mercearia onde lhe vendem o copo de cachaça. Longe de nós imputar-lhe a ideia dessa pequena trapaça, que é apenas uma imitação da fraude de maior dimensão praticada no estábulo de seu senhor: lastimável rivalidade de interesses, que obriga o pobre consumidor a pagar ainda bem caro uma xícara de leite duplamente batizada!

[...] Um dos carregadores de leite representados nesta prancha lembra o exemplo da lata de leite com cadeado. Os outros, livres desse empecilho, seguram a pequena medida de folha de flandres que serve para vender o leite, e até mesmo para falsificá-lo.

Negros vendedores de carvão

A barcaça, atracada na praia, é a do proprietário do carvão, instalado sob sua barraca coberta de esteiras e de um véu; deitado atrás da quádrupla fila de jacás, ele aguarda calmamente a venda de seu carvão transportado por seus escravos na cidade. Um deles, todo carregado, sai para a cidade, enquanto o outro, parado, e já trazendo os cestos vazios, vem buscar nova carga; segura na mão a sua marimba, instrumento africano que encanta seus momentos de folga durante o dia.

Vendedoras de milho

O milho, colhido nas roças das redondezas e trazido ainda verde para a cidade, torna-se a delícia dos escravos e de seus filhos, que o compram nas praças e nas ruas, seja assado (sobre carvão em brasa), seja em pipocas (grãos cozidos sobre um leito de areia fina aquecida num fogareiro de barro ou, mais miseravelmente, num simples caco de cerâmica). Chegando a esse estado de desidratação, o grão arrebenta, reproduzindo uma flor redonda que desabrocha como uma bola, de um branco amarelado e formada pela parte leitosa da farinha ainda verde; considera-se esse petisco delicado por ser de fácil digestão e absorvente.

Negros vendedores de aves

É fácil imaginar que a necessidade de alimentar, no Rio de Janeiro, uma população que dobrou em oito anos, e ao mesmo tempo abastecer uma marinha mercante em contínua atividade no porto, acarreta um enorme consumo de aves, que mantém constante importação desse produto, feita regularmente desde as províncias distantes de São Paulo e Minas até um raio de sete a dez léguas em torno da capital. O consumidor brasileiro reconhece, pelos meios de transporte, a maior ou menor distância a que estão os pontos de partida das aves [...]

Portanto, é preferível escolher as que são enviadas pelos proprietários dos arredores, porque, sempre fechadas em grandes cestos redondos com tampas trançadas, chamados capoeiras, e transportadas de noite, seja de canoa, seja à cabeça do negro encarregado de vendê-las na cidade, chegam frescas ao mercado antes do nascer do sol. Quanto às aves criadas nos subúrbios da cidade, são simplesmente amarradas pelas patas e presas em feixes de três ou quatro, que o negro vendedor carrega à mão ou penduradas numa vara levada ao ombro.

Negros serradores de tábuas

O espírito imutável e a oposição generalizada a qualquer inovação eram levados a tal ponto, quando chegamos ao Brasil em 1816, que mesmo no Rio de Janeiro o dono de escravos serradores de tábuas, partidário desse modo rotineiro de exploração, rejeitava a instalação de uma serraria mecânica em sua propriedade, tão favoravelmente situada para isso no meio de matas virgens abundantes em rios de grande volume.

Só a necessidade de dotar de moradia uma população cada dia maior conseguiu motivar a adoção dos processos mecânicos europeus, cuja rapidez e economia multiplicam hoje as construções brasileiras. Assim, desde então surgiram em oito anos, e como por encanto, os lindos subúrbios de Mata-Porcos, Catumbi, Mata-Cavalos, Catete e Botafogo, e cresceu uma cidade nova à beira do novo caminho para São Cristóvão.

Esses trabalhadores robustos e musculosos estão sempre cobertos de suor, apesar da lentidão de seu trabalho. Quando chamados por um particular, transportam o cavalete e são pagos à razão de duas patacas por dia.

Mantimentos levados à cadeia, e doados pela
irmandade do Santíssimo Sacramento

O desenho representa a entrada da cadeia, situada na rua da Prainha; um dos dois carros já chega a seu destino; está enfeitado com galhos de mangueira, como o segundo, que o segue. E a vanguarda do cortejo também já está parada na porta. O pequeno destacamento de cavalaria da polícia estaciona à esquerda, enquanto, à direita, a banda de música dos negros executa melodias de contradanças para dar solenidade à chegada do cortejo. As duas bandeiras que precediam o primeiro carro também aguardam para se juntar às que seguem o segundo carro, e terminar assim o cerimonial da marcha. Um dos chefes da expedição pega em seguida o recibo do guarda da prisão, e todo o cortejo se dispersa para entrarem individualmente.

Os irmãos pedintes, em atividade ao longo do caminho, fazem os passantes beijar um pequeno simulacro do Espírito Santo, e recebem as esmolas dos devotos. O preso de serviço, a fim de implorar a caridade dos passantes, beija gratuitamente a pequena imagem,* ao passo que as negras, colocadas no primeiro plano, se apressam, piedosamente, em entregar seus óbolos, como recompensa pelo mesmo favor.

* Uma corrente comprida amarra o preso de plantão, que está do lado de fora e pode assim chegar até a sarjeta da rua da cadeia para implorar e receber as esmolas dos passantes; um banquinho de madeira, colocado perto da muralha, serve-lhe para descansar durante sua hora de serviço.

Visita a uma fazenda

A cena reproduzida aqui representa a dona da casa, sentada na sua marquesa, vestida para receber visitas, isto é, com um xale pudicamente jogado sobre os ombros mal cobertos, os quais ela refresca com um enorme leque abanado durante o resto da noite. Ao pé da marquesa, sentada numa esteira de Angola, uma de suas filhas, casada e mãe, amamenta seu caçula; atrás, e bem perto dela, sua negra, criada de quarto, está de joelhos; outra de suas escravas apresenta o segundo filho da jovem senhora, o qual se furta às carícias de uma jovem senhorita estrangeira. Finalmente, no primeiro plano, o mais velho dessa jovem família, tão arisco quanto seus dois irmãos, largando as frutas que se dispunha a comer perto de uma das negras, enfia-se debaixo do canapé para fugir dos olhares dos estrangeiros que entram: vício de educação então comum a todas as famílias brasileiras.

Atrás da dona da casa, uma de suas jovens escravas, encarregada da maçante tarefa de

enxotar as moscas e os mosquitos, agitando dois ramos de árvore que ela segura na mão, dá aqui ao europeu o exemplo de um acréscimo de infelicidade ao seu cativeiro, pelo espetáculo doloroso da máscara de lata que cobre o rosto dessa vítima; sinistro indício da decisão que tomara de se deixar morrer, comendo terra. Essa força de caráter, chamada de vício pelos donos de escravos, ocorre com mais frequência entre certas nações negras apaixonadas pela liberdade, e mais especialmente entre os monjolos. Já se identifica, pela brancura lívida da parte interna da pálpebra inferior do olho do negro, o efeito funesto das tentativas motivadas por esse heroico desespero. Assim, verifica-se cuidadosamente a existência desse sintoma por ocasião da compra de um negro: para isso, basta apoiar de leve o dedo abaixo do olho do indivíduo, e, assim puxando para baixo a pálpebra, ela se isola do globo ocular e deixa que se veja perfeitamente a parte interna, que, nesse caso, é de um branco ligeiramente amarelado.

Cena de Carnaval

Os únicos preparativos do Carnaval brasileiro são a fabricação de limões de cheiro, negócio que ocupa toda a família do pequeno rentista, a viúva de fortuna modesta, a negra livre que se junta com duas ou três amigas, dividindo as despesas, e por último as negras das casas ricas, que, todas, com dois meses de antecedência procuram conseguir, graças a economias, sua provisão de cera [...] Munido de água e polvilho branco, nesse dia o negro exerce impunemente sobre a negra que ele encontra toda a tirania de suas grosseiras facécias, e algumas laranjas de cera, roubadas dos patrões, formam, durante o resto do dia, um considerável acréscimo às suas munições de Carnaval.

Caboclas lavadeiras

Representamos no desenho famílias de caboclas fixadas há vários anos no Rio de Janeiro que exercem o ofício de lavadeiras; elas se reúnem todo dia desde manhãzinha, para irem lavar à beira do riacho que corre sob a ponte do Catete, um dos subúrbios da cidade. Ali ficam o dia todo, e só voltam para o centro ao cair da tarde.

Bem antes de nossa chegada ao Rio de Janeiro, já havia um grande número de caboclos empregados no serviço particular dos ricos proprietários do interior do Brasil; bastante capazes de apreciar as qualidades pessoais desses nativos semisselvagens, empregados em suas casas como operários, viram que a experiência provava ser possível transformá-los em criados leais e, apesar da aparência apática, aptos para se dedicar generosamente aos interesses deles; assim, seus filhos, criados no estágio da civilização, tornam-se desde a idade de doze a catorze anos excelentes domésticos, inteligentes, vivos, e cavaleiros intrépidos, caçadores e nadadores, qualidades preciosas para acompanhar seus donos em viagem.

Encontramos deles no Rio de Janeiro, até mesmo os muito velhos, fiéis e respeitosos criados de certos personagens ilustres, ex-governadores de províncias, que os trouxeram ao regressar à capital. Tão lépidos e mais vigorosos do que os negros, são empregados, de preferência, nos estabelecimentos do interior; mas, como os mulatos, adquirem facilmente os vícios da civilização.

Esses preciosos nativos, protegidos pelo governo e encorajados a aperfeiçoar sua habilidade no exercício de suas atividades, tornar-se-ão os mais firmes sustentáculos da prosperidade do Brasil, já rica pela fertilidade de seu solo e pela fecundidade dos numerosos animais úteis que aí se acham espalhados.

Lavadeiras à beira do rio

Assim, veem-se todo dia, nesses estabelecimentos, graças a este belo clima, negras reunidas à beira do mesmo riacho límpido, ocupadas em escorrer a barrela ao ar livre, perto das que ensaboam a roupa mas de modo infinitamente mais econômico, só usando para isso vegetais saponáceos, tais como a folha de babosa, a da árvore chamada no Brasil timburi, e de muitas outras. Assim favorecidas pelo local, essas lavadeiras profissionais deixam que os citadinos paguem o imposto bastante oneroso do sabão estrangeiro comprado, pois o único que se fabrica no Brasil é de cor marrom-escura e pouco adequado para branquear a roupa fina. Quanto às musselinas, que não suportariam a fricção de uma folha sem se esgarçar, são lavadas estendidas na relva, ao sol, e regadas várias vezes, à medida que secam. Esse método, geralmente adotado, é muito rápido e poupa singularmente a roupa.

Também não se despreza, na lavagem, o uso de bosta de cavalo, nem o suco de limão, para fixar as cores dos tecidos estampados.

As lavadeiras brasileiras, aliás, infinitamente mais cuidadosas do que as nossas, sentem-se honradas em entregar a roupa não só bem passada e guardada em ordem numa cesta, como também perfumada por flores odoríferas, tais como a rosa-das-quatro-estações, o jasmim e a esponja.

Aplicação do castigo da chibata

Embora o Brasil seja, seguramente, a parte do Novo Mundo onde se trata o negro com mais humanidade, a necessidade de manter na disciplina uma numerosa população de escravos forçou a legislação portuguesa a incluir, em seu código penal, o castigo da chibata, aplicável a todo escravo negro culpado de falta grave com respeito a seu senhor, tais como a deserção, o roubo doméstico, ferimentos recebidos numa rixa etc.

[...] Assim, quase todo dia, entre nove e dez horas da manhã, vê-se sair a fila acorrentada de negros a serem castigados, amarrados dois a dois pelo braço, conduzidos sob a escolta da patrulha de polícia até o lugar indicado para a aplicação; pois há pelourinhos fincados em todas as praças mais frequentadas da cidade, para que se alternem os locais em que se aplica essa punição, depois da qual os açoitados são devolvidos à prisão.

Negros no tronco (p. 187)

É de observar que, apesar das ideias filantrópicas que honraram as nações mais famosas do mundo, as leis sobre escravidão, elas mesmas originárias da mais alta Antiguidade, transmitiram de época em época uma série de privilégios e castigos que se encontram ainda hoje, e quase sem alteração, até mesmo no Brasil, a parte mais moderna do Novo Mundo.

Basta-me, para estabelecer um paralelo só entre os gregos, os romanos e os brasileiros, citar o regimento dos libertos, o açoite e o tronco, aqui representado.

Portanto, quando se visita o brasileiro dono de um bem no campo, a chácara, não é de espantar que aí se encontre o tronco, antigo instrumento de tortura, formado por duas peças de madeira de seis a sete pés de comprimento, presas numa de suas extremidades por uma dobradiça de ferro e unidas na outra por um ferrolho com cadeado, fecho cuja chave é guardada pelo feitor.

Feitores castigando negros

Chama-se feitor, na roça, o administrador encarregado pelo proprietário de vigiar o cultivo das terras, a alimentação dos escravos, e de manter a ordem entre eles: essas funções dão-lhe o direito de aplicar-lhes correções.

Os vícios punidos são: a embriaguez, o roubo ou a fuga; a preguiça é reprimida a toda hora com uma chicotada, ou enormes tabefes distribuídos de passagem.

[...] O infeliz representado no primeiro plano, depois de ter ficado com as mãos amarradas, sentou sobre os calcanhares, passando os braços por fora das pernas, para permitir que o feitor enfie sob suas panturrilhas um pau que serve de entrave; em seguida, facilmente derrubada com um pontapé, a vítima mantém uma pose imóvel que propicia ao feitor saciar a sua ira e, mal ousando dar uns gritos de misericórdia, só ouve como resposta um "cala a boca, negro".

[...] As duas tiras de couro da ponta do chicote arrancam no primeiro golpe a epiderme, e assim tornam mais dolorosa a continuação do castigo; este se compõe de doze a trinta chicotadas, depois das quais se tem o cuidado de lavar a chaga com vinagre e pimenta, para que a pele se contraia, evitando a putrefação, tão rápida num clima quente.

O cirurgião negro

Em cada bairro da cidade, há um cirurgião africano, cujo gabinete de consulta, renomado, está instalado sem a menor cerimônia no vão da porta de uma venda. Generoso consolador da humanidade negra, ele dá suas consultas gratuitamente; mas como os remédios receitados sempre exigem certa preparação elaborada, fornece os remédios e cobra por eles. E, por último, culminância de seus altos conhecimentos, também vende talismãs curativos, em forma de amuletos. Citarei aqui apenas o pequeno cone misterioso, feito de chifre de boi, preciosa joia de seis linhas de altura, que deve ser pendurado no pescoço para evitar irrestritamente os ataques de hemorroidas, ou as afecções espasmódicas etc. Mas paro por aqui, e passo em silêncio mil outras propriedades do gênero.

Quanto à colocação das ventosas, ciência positiva e de aplicação externa, ele a executa em plena rua, perto de uma casa ou, mais comumente, numa pracinha onde não passam carros.

Retorno à cidade de um proprietário de chácara

Pelo aspecto exterior do viajante carregado na rede, o brasileiro reconhece o honesto comerciante de tecidos que, por trás de sua simplicidade, esconde um capitalista bastante rico, herdeiro de uma antiga família cujo luxo, muito louvável, é ter escravos de compleição robusta, gordos e limpíssimos. Na verdade, nas propriedades rurais menores o vestuário do negro consiste numa calça e numa camisa de algodão branco, que ele é obrigado a manter limpas, lavando-as ele mesmo. Completa sua indumentária uma espécie de lençol, também de algodão, que lhe serve de agasalho durante as doenças e de cobertor durante o sono. Aqui, o traje dos carregadores indica que podem variar de roupa de acordo com o calor que sentem. O requinte que satisfaz o amor-próprio do brasileiro em viagem é aqui observado no bom estado dos acessórios e na finura das malhas da rede, na indumentária da escolta, e na roupa do negrinho que carrega o indispensável guarda-sol; com efeito, o boné de pelo, o colete e a calça de brim azul formam a mais bela libré que pode usar um criado dessa espécie, que sempre anda descalço. Menos feliz que ele, uma jovem negra comprada há um ano, ainda semiesquelética, recém-curada da sarna, começa a sair do terrível estado de magreza do negro novo; já submissa, ela pegou o hábito de cruzar as mãos sobre o peito, e toma todo o cuidado ao equilibrar sobre a cabeça o balaio que contém a elegante amostra das produções da chácara.

O jantar no Brasil

No Rio de Janeiro e em todas as outras cidades do Brasil, é costume, durante o face a face de um jantar conjugal, o marido cuidar silenciosamente de seus negócios e a mulher se distrair com seus negrinhos, que substituem a família quase extinta dos pequenos carlindogues da Europa. Esses pestinhas, mimados até a idade de cinco ou seis anos, são em seguida entregues à tirania dos outros criados, que os domesticam a chicotadas e os formam, assim, para compartilhar com eles os tormentos e os desgostos do serviço. Essas pobres crianças, revoltadas por não mais receberem da mão carinhosa de sua dona demasiado fraca os bocados suculentos e as doces guloseimas, procuram então compensá-los roubando frutas no jardim ou disputando aos bichos domésticos do quintal uns restos da mesa, que, com sua gulodice subitamente insatisfeita, eles saboreiam com verdadeira sofreguidão.

[...] Lembrarei, pois, que em 1817 a cidade do Rio de Janeiro já oferecia aos gastrônomos recursos bem satisfatórios, decorrentes da previsível afluência de estrangeiros por ocasião da ascensão de d. João VI ao Trono. De fato, essa nova população trouxe consigo a necessidade de satisfazer os hábitos do luxo europeu. O primeiro e mais imperioso desses hábitos foi o prazer da mesa, apoiado, aliás, por ingleses e alemães, comerciantes ou viajantes que vieram inicialmente em maior número. Esse prazer, fonte de excessos, mas sempre baseado na necessidade de comer, deu lugar, por isso mesmo, a um negócio seguro, monopólio de que se apropriaram os italianos, cozinheiros por instinto e primeiros sorveteiros do mundo civilizado. Portanto, o Rio de Janeiro teve nessa época seus Meos, seus Tortonis, unidos, na verdade, em uma só pessoa, mas cheia de talento, de atividade, encarregando-se com sucesso de todas as refeições magníficas, e cujo estabelecimento florescente oferecia banquetes e jantares particulares delicadamente servidos aos oficiais portugueses, encantados de encontrar no Brasil parte dos prazeres de que haviam gozado em Lisboa.

Tierno Monénembo

O FESTIM BRASILEIRO

O QUADRO de Debret *O jantar no Brasil* mostra um casal de ioiôs (assim eram chamados os senhores brancos nos antigos engenhos de açúcar) fazendo sua refeição. Uma escrava está em pé junto da senhora, com um leque na mão, para enxotar as moscas. Perto da porta, dois negros, de braços cruzados, esperam as ordens para passar os pratos. Com os cotovelos apoiados na toalha, à maneira dos soldados e dos piratas, o homem devora sua comida com ar distraído. A mulher cuida de alimentar dois negrinhos nus, sendo que um deles se arrasta no chão. Falta o sangue indígena, mas é lícito adivinhá-lo, tanto no jogo sutil dos coloridos como nas veias tropicais de nosso valoroso casal de brancos.

Todo o Brasil aí está. Sob a aparente sobriedade, o quadro expressa perfeitamente a violência de sua história, suas paixões insaciáveis e suas castas inconciliáveis, sua lenta mas inelutável mestiçagem e seu patético projeto de um mundo novo que padece para se renovar. História? O termo convém a esta terra narcisista, que se denomina, amorosamente, *país* (compreendam, o único sob estas estrelas do lado de cá!), quando na verdade mais faria pensar num continente? A esse mundo caótico e inacabado que deve tanto às epopeias de Camões como à fúria dos deuses iorubás, aos alucinógenos dos Guaranis como às pedras vivas dos Tupinambás? Digamos, de preferência, delírio! Delírio, infortúnio! Mas também: deriva, arrombamento! Mais exatamente: acidente, escândalo! Estamos aqui no centro do barroco, considerando-se o povoamento ou a geografia, a arquitetura ou o clima, a música ou os costumes. Este país é tão surpreendente que, à primeira vista, o visitante deve achar que se trata de uma piada, de uma *baita* brincadeira. Quando pararem os jogos de futebol e os tamborins do Carnaval, pronto, tudo voltará a ser normal, quer dizer, racional, portanto, plausível e maçante! Mas, parafraseando De Gaulle, como é que um país capaz de reivindicar trezentos tipos de frutas e nada menos que uma dúzia de vocábulos para designar apenas seus diferentes tipos de mulatos (os quais, desnecessário esclarecer, qualificam unicamente os mestiços nascidos de negros e brancos), vai se parecer com os outros? Assim como os alunos vadios e os superdotados, há países que são feitos, em primeiro lugar, para se destacar da média. O Brasil é um desses. As Américas seriam uma exceção no mundo? Pois então, o Brasil é uma exceção nas Américas! O Brasil é pior que uma exceção: é um erro divino. Este país nunca devia ter visto a luz do dia. E isso não é uma simples *boutade*.

Em 1492, iluminado pela queda do reino muçulmano de Granada, o papa Alexandre VI decreta que a Terra é cristã. Pelo Tratado de Tordesilhas, ele divide o mundo entre as duas superpotências da época: as Américas, para a Espanha, e a África, para Portugal. A fronteira? Uma linha de demarcação tão absurda quanto imaginária, que supostamente passaria a 370 léguas (nem uma a mais, nem uma a menos!) a oeste das ilhas do Cabo Verde. Mas tratados são feitos para ser desrespeitados, e fronteiras marítimas, podem crer!, para que capitães e marujos desapareçam sem deixar rastro. Quando atracou em 1500 em Porto Seguro, Pedro Álvares Cabral, o inventor do Brasil, tinha se perdido, como reza a

lenda, ao procurar um caminho mais curto para chegar a Moçambique? Ou, como sugere Stefan Zweig, os portugueses, esses finos navegantes, já conheciam as costas selvagens à beira das quais surgiriam mais tarde Recife e Rio de Janeiro, e tudo isso à revelia de seus primos espanhóis? Para o sortudo que pisou, pelo menos uma vez, na areia de Copacabana e provou uma caipirinha num barzinho do Catete ou de Ipanema, a pergunta é descabida, e, aliás, um tanto fastidiosa. O Brasil aí está. Que mais pedir? Batismo pontifical ou não, o mundo nos devia esse rebento excêntrico, quando nada, só para queimar nossos sentidos e maltratar nossa razão.

Tal qual os heróis das grandes mitologias, os países predestinados também nascem de circunstâncias extraordinárias, como se, para evitar qualquer confusão, os deuses tivessem se preocupado, desde o início, em marcar na fronte deles os traços que os distinguem. Além da anedota histórica citada mais acima, há fatores precisos que fazem com que o Brasil seja o Brasil, e não Madeira ou Curaçau, o Chile ou Belize, o Texas ou o Altiplano.

Como os negros e os índios, os brasileiros de origem europeia vêm, eles mesmos, de diferentes nações e tribos: há espanhóis e holandeses, franceses e ingleses, poloneses e ucranianos, batavos e bávaros, árabes e judeus. Contudo, é o elemento português que predomina. Supondo, no entanto, que o português, antes de 1986,[1] tenha sido realmente europeu. Marinheiro desde o berço, na verdade ele era, até então, mais familiar das costas de Goreia ou Goa que das da Irlanda ou da Sicília. Seu gosto vai para os molhos apimentados; seu amor, para as negras que têm o cheiro gostoso de mar e de hena. Portugal é apenas o seu porto, um simples pretexto para a partida. Sua verdadeira pátria? O alto-mar! "O oceano é o túmulo mais frequentado dos portugueses." É Barros quem diz isso, e mal chega a ser um exagero. Poderíamos acrescentar que nas costas africanas é que foram encalhar os sobreviventes dos primeiros naufrágios. Os destinos da Lusitânia e do continente negro foram selados bem antes do vergonhoso tráfico negreiro, desde o século XV. O português é o primeiro branco da era moderna a pisar em solo africano, atraído que se sentiu pelas prospecções auríferas de Gana, de Tacrur e depois do Mali, e pelo ferro do Congo. Foi nas costas africanas que aprendeu a ser mestiço, antes de ir se roçar com outras raças em outras plagas. De certa forma, numa obscura alcova da África é que o Brasil foi concebido, antes de ser transplantado para a América. Tudo bem, o próprio português é branco, mas é um branco do sol e da boa vida, da efusão e da caçoada, no extremo oposto do dinamarquês ou do finlandês. Antes mesmo de jogar a âncora, ele é, por assim dizer, uma criatura dos trópicos. A seu jeito, e apesar do apetite feroz pelo marfim e pelo ouro, pelos escravos em boa saúde, o ébano e o anil, ele logo se apaixonará pela África, sobretudo pela africana. E quando vier o comércio triangular e seu cortejo de preconceitos, nada mudará em seus hábitos de navegante inveterado. Continuará a fornicar com suas escravas, e com tal frenesi que várias vezes o Brasil será ameaçado de ter uma mesa da Inquisição durante o período em que, após a morte do rei Sebastião na batalha de Alcácer-Quibir, fica provisoriamente sob a autoridade da Coroa espanhola.

De todos os países americanos, o Brasil é o mais colorido, o mais exuberante, o mais festivo. Isso poderia nos levar a crer que aí a escravidão foi particularmente suave. Nada disso. Os engenhos do recôncavo, as jazidas de Minas Gerais, as fazendas do vale do Paraíba foram verdadeiros centros de suplício para o negro. Em sua obra *A vida cotidiana na Bahia no século XIX*, Pierre Verger descreve uma tortura particularmente atroz, a novena, então em voga em todas as grandes fazendas: açoitavam-se os fugitivos e os revoltosos até que desmaiassem, e durante nove dias consecutivos, para dissuadi-los de recomeçar. Ainda assim, apesar de sua condição de escravo, o africano era menos segregado que em outros lugares. Aqui, uma certa forma de cordialidade sempre reinou entre o senhor e o escravo. O modo de dominação tinha a ver com o paternalismo, não com o *apartheid*. Tomemos o habitat, por exemplo. O sociólogo Gilberto Freyre descreve-nos uma casa burguesa do Rio no século XIX (o famoso sobrado patriarcal urbano). Em geral, compreendia seis andares. "No térreo acumulam-se os estoques das mercadorias, no primeiro andar ficam os escritórios, no segundo, a sala de visita, onde as senhoras recebem, no terceiro, os dormitórios, no quarto, a sala de jantar, no quinto, a cozinha, e no sexto, os alojamentos dos escravos." Nos campos, em volta de toda a *casa* patriarcal, aglutinavam-se as

senzalas, esses famosos casebres onde viviam os negros, que, por sinal, recebiam facilmente o apelido de crias (entenda-se: os adotados, os criados dentro da casa ou algo assim). O sentido de família, apesar da violência e da irreversível hierarquia, prolonga-se, aliás, até a morte. No cemitério, a sepultura dos senhores domina de sua grande altura os minúsculos outeiros que recebiam os restos mortais dos forçados. Vê-se que a proximidade, o ambiente familiar — por mais pervertido que fosse — não desaparecem no além. Disso resultará não só a generalização da mestiçagem, como relações inter-raciais menos tensas que nos Estados Unidos, por exemplo, mesmo depois da abolição — por sinal, muito tardia nesta parte das Américas.

Os mulatos, numerosos desde o século XVI, nasciam livres. Esse privilégio, além de permitir que exercessem certo papel na vida política e econômica, dava-lhes muito depressa a consciência de serem um povo diferente, chamado a se tornar o fator mediador, o ponto de equilíbrio, o centro de gravidade da nação brasileira em gestação. Ainda hoje, o visitante que frequenta os blocos de sujos (do povinho do Rio) não se surpreenderá ao ouvir o ditado: "O Brasil é o inferno do preto, o purgatório do branco e o paraíso do mulato".

Mas, por mais que tenham sido escravos, os próprios negros conservaram ao longo de todo o seu calvário uma memória relativamente fiel de suas origens, e, chegada a hora, contribuíram muitíssimo para modelar o rosto do Brasil novo. A memória tribal resistiu por muito tempo ao aniquilamento identitário. Ainda existem famílias baianas e cariocas que sabem se sua ascendência é fom ou iorubá, hauçá ou fula, congolesa ou moçambicana. É verdade que, de modo geral, a escravidão no Brasil estabeleceu uma certa correlação entre o lugar de origem e o de adoção: os cariocas descendem essencialmente do reino do Congo (os dois Congo atuais mais Angola), os baianos, do que se chamava então a Costa dos Escravos (atual golfo da Guiné), e os de São Luís do Maranhão, em sua maior parte, da Sene-

gâmbia. As miscigenações diversas e as inúmeras migrações observadas desde o *boom* do café e o início da industrialização não conseguiram apagar todas as referências. A influência da África não apenas é visível na maioria das regiões e em todos os aspectos da cultura popular, como é uma marca inequívoca, espantosamente exata quanto à origem étnica e cultural. Em cada objeto de arte, em cada passo de dança, pode-se reconhecer o rito desta tribo da floresta equatorial ou o gênio daquele reino desaparecido nas areias do Sahel. Para tanto, nenhuma necessidade de pertencer a um cenáculo de etnólogos! É claro que o samba vem do Congo e que a capoeira vem de Angola; o dendê, do Daomé, e a batucada, de Moçambique; que os orixás são santos iorubás, e os inquices, divindades tequês e laris. Assim balizada, a topografia brasileira aparece menos hostil, menos "lote do senhor" para o pequeno descendente de escravo. Claro, é a Babilônia, é o povo de Moisés no Egito, mas é também a pátria, isto é, o lugar de nascimento, a terra do pai; um pai que terá descido de um navio, decerto com as costas lanhadas pelo chicote e com correntes nos pés, mas trazendo seus próprios hinos de guerra, seus próprios deuses, o aroma de seus quitutes e todo o esplendor de seu passado. Esse pai dobrou os joelhos sob a borrasca da História, mas não teve de baixar os olhos diante do olhar do senhor.

Por ter trabalhado no tema durante sessenta anos, Pierre Verger, que se impõe citar mais uma vez, conhecia melhor que ninguém as relações amargas e tumultuadas que desde o início uniram Brasil e África. Portanto, sabia do que estava falando quando dizia que "se ele foi perdedor no plano econômico e militar, no terreno cultural e religioso o escravo brasileiro jogou com armas iguais com o seu dono branco". No contexto que se conhece, isso já é muito. Ao sair da escravidão, o negro-brasileiro beneficiava-se de uma base psicológica e cultural que terá faltado cruelmente ao afro-americano, por exemplo. O que fez com que, apesar de sua escandalosa marginalização

política e econômica, ele estivesse mais bem aparelhado para influir na identidade racial e cultural de seu país de adoção. É evidente que as condições estavam longe de ser as mesmas no sertão e no Missouri. E, em primeiro lugar, as condições climáticas! O escritor Antônio Olinto escreveu, com muita razão: "Na América do Norte, os deuses negros morreram de frio". De fato, cruzando o Atlântico Sul, os africanos encontravam a mesma natureza que acabavam de deixar. Quando o padre não estava prestando atenção, os sacerdotes podiam colher as cascas de árvore e folhas necessárias às cerimônias rituais. E quando não havia as árvores mágicas, era possível mandá-las vir da África, pois cresceriam com facilidade no solo brasileiro. Foi assim que, atrás das igrejas e dos conventos, os escravos puderam recriar seu próprio universo mitológico e espiritual, de início clandestinamente, depois à vista de todos, apesar da conversão obrigatória que deviam fazer à religião de Cristo. Não, a famosa mestiçagem brasileira não ocorreu apenas na cama. É em todos os campos da existência que convém assinalá-la. Na sua violência e no seu absurdo, aqui a História misturou tanto as raças como os mitos, as músicas como as religiões, numa lógica que nenhum espírito bem-intencionado conseguiria entender. Alguns tendem a crer que aquilo a que se chama religiões afro-brasileiras é um terreno reservado, uma seita exclusivamente composta de negros. Na verdade, negros, mulatos ou brancos, com frequência são as mesmas pessoas que vão de manhã à igreja e de noite ao candomblé para pedir à mãe de santo que interceda em seu favor junto aos deuses iorubás. E, depois de tanta promiscuidade, como não terminar confundindo os fetiches e os apóstolos? Os padres exorcistas e os deuses que lançam raios? O amuleto e a água benta? A oração e o transe? Muito se glosou o sincretismo, mas não se salientou o suficiente que se trata menos de uma simples representação pedagógica do que de uma fusão espiritual, quase corporal, em que santos cristãos, feiticeiros africanos e

até, ultimamente, pajés indígenas estabeleceram entre si uma correspondência toda geométrica. Hoje, isso parece natural, mas não foi simples. O escravo teve de usar todas as astúcias, todas as perfídias, todas as transgressões possíveis e imagináveis para que seus deuses fossem admitidos. Quando o senhor branco — este, convém lembrar, devia cuidar de dotá-lo de uma alma, o que, parece, segundo as Sagradas Escrituras ele não possuía antes de pisar os porões do navio — criticava os seus vestígios pagãos, eis mais ou menos o que ele encontrava para responder: "Mas, ioiô, não se trata de paganismo! O seu são Jerônimo, na estampa dele está gravado um leão, não está? Pois é, nós temos o mesmo. Só que para nós ele se chama Xangô. Xangô é o deus do trovão e da guerra. O leão é a força, não é? O seu são Lázaro está cheio de chagas e sarnas. Não há a menor dúvida, ele é Omolu, o nosso deus da varíola". E foi assim que, depois de tantas queixas e artimanhas, o coitado acabou conseguindo que Ogum, o deus do ferro, se tornasse são Jorge, que Iemanjá, a deusa do mar, fosse içada à altura da Virgem Maria, que o bom Oxóssi fosse ninguém menos do que o Cristo Redentor, e Iansã, a deusa do rio, santa Benedita... a não ser que fosse o contrário, dependendo de onde estivesse o devoto: sob os céus do Rio, do Recife ou de Salvador. Até esqueceríamos que este país — que, de resto, durante a revolta dos malês, entre 1805 e 1835, por pouco não se tornou em parte muçulmano — é, pelo menos oficialmente, o maior país católico do mundo! De qualquer maneira, a se crer numa canção de Chico Buarque, "não existe pecado do lado de baixo do equador". Amém!

Um último ponto e teremos feito a ronda do povoamento africano no Brasil: se os Estados Unidos ficam lá no outro lado do mundo, o Brasil fica na outra margem da África. Os navios levavam menos de quinze dias para fazer a travessia. Isso favorecia necessariamente os escambos. Por volta de 1850, contavam-se nada menos que onze navios (em cada direção) entre Luanda e o Rio de Janeiro,

e mais ou menos o mesmo número entre Ajudá e Salvador. A vizinhança dos dois mundos, além de ter permitido ao Brasil escapar ao famoso comércio triangular (a maioria das trocas foi feita sem transitar pelos entrepostos portugueses), permitiu diversificar a natureza das mercadorias. Além de escravos, a África forneceu a noz-de-cola e o acarajé, o azeite de dendê e os panos de *alaka*, as bolas de cera e penas de papagaio (muito apreciadas pelos moradores das grandes propriedades). Inversamente, o Brasil introduziu na África a mandioca e o tabaco, a cachaça e a renda. O próprio movimento dos negros não se fará, como em outras partes, em sentido único. Inúmeros alforriados voltaram para terminar seus dias na terra de seus antepassados. Ainda hoje, podemos admirar em Ajudá, Cotonu ou Porto Novo seus magníficos sobrados com sacadas de ferro fundido e fantásticos azulejos. Aliás, esta última cidade foi fundada em meados do século XVIII por um alforriado brasileiro, que a doou ao... rei de Portugal. E, nas igrejas do Benim e da Nigéria, certos descendentes de brasileiros ainda se gabam de rezar a missa em português. Um português, é verdade, cada vez mais aproximativo e do qual a maioria não entende uma palavra.

Quando Debret chega ao Rio, em 1816, a formação nacional do Brasil parece longe de estar completada (estará hoje?). Mas é de supor que o processo da mestiçagem está suficientemente avançado e que a presença africana é visível tanto na praia de Piaçava como nas cabeças de porco e nas favelas. Em todo caso, ele descreve em seus diários de viagem o que era então o cardápio do escravo, tão pobre, é verdade, que podia ser resumido a quatro palavras: "farinha seca, banana ou laranja". Lá está ele, convidado pelo rei d. João VI, para organizar o que se tornará a Academia de Belas-Artes do Brasil. Mas sabe-se que, volta e meia, ele escapa do palácio para perambular pela cidade com o faro de um tira e os olhos maliciosos de um etnólogo. Anota os odores, os hábitos alimentares, assim como o jeito de andar das grandes damas. Isso resulta em informações engraçadas mas que têm o mérito de nos inteirar com bastante exatidão do modo de vida dos cariocas na época. Ele nos descreve detalhadamente três outros cardápios que fazem as vezes de jantar para as outras classes sociais:

— o jantar do rico: sopa de carne e legumes, galinha com arroz e molho apimentado, laranjas e salada para acalmar o paladar. Entre os pratos, uma colherada de farinha de mandioca para substituir o pão. Sobremesa: arroz-doce salpicado de canela, ou queijo de minas, queijos holandeses ou ingleses, frutas variadas, porto ou madeira, e por último café.

— o jantar do artesão: pedaço de carne-seca, cozida com feijões-pretos, acompanhado de farinha de mandioca (já quase a feijoada de hoje!). Às vezes, como complemento: lombo de porco assado ou peixe e, depois, banana ou laranja.

— o jantar do mendigo: mais pobre e mais irregular que o do escravo.

Ele toma o cuidado de nos esclarecer que a hora da refeição varia de acordo com a profissão do dono da casa e anota, achando muita graça, os reclames dos doceiros para as confeitarias e para o chá. Há por exemplo este que, segundo Beatriz Nizza da Silva, ele teria lido na *Gazeta* do Rio e o teria impressionado muito: "[pão] amassado por uma máquina recém-inventada, sem mão de obra negra para infestar a massa com o suor que eles espalham quando sovam". Ele enriquece gentilmente nosso vocabulário gastronômico quando nos ensina que o banquete a que os festeiros do Rio dão hoje o nome inocente de "copo-d'água", designava na época, muito simplesmente, a sobremesa. Após o gosto culinário, o gosto relativo ao vestuário: "As senhoras brasileiras usam exclusivamente sapatos de seda, para andar com qualquer tempo nas calçadas de granito macio, que esfolam num instante a trama da seda, não podendo sair dois dias seguidos sem renová-los, sobretudo para fazer visitas. As únicas cores usadas então eram o branco, o rosa e o azul-céu".

Outro viajante, Charles Expilly, anota, por sua vez, que os escravos só usavam sapatos de seda quando acompanhavam seus senhores. No resto do tempo, andavam descalços ou de sandálias. Os homens usavam camisa, calça e colete, e as mulheres, blusa, saia, um casaquinho de linho ou uma espécie de corpete. Conforme se vê, os afro-brasileiros estão modestamente vestidos, e acima de tudo mal alimentados. Mas já deixaram sua marca na paisagem urbana. Tornaram-se uma pincelada inerente ao cenário, um elemento indissociável da civilização urbana.

De dia, passeiam com os rebentos do senhor pela rua do Hospício ou pela rua da Alfândega. Sobem a rua do Rosário, com uma cesta

equilibrada na cabeça e uma sacola na mão, para levar à residência dos patrões as provisões do dia: mandioca, feijão, frutas como o umbu ou a jabuticaba, vinho do Porto, presunto e as linguiças salgadíssimas, importadas de Lisboa e muito apreciadas pelos brancos, e que por pouco não foram o estopim de um conflito entre o Brasil e Portugal, o primeiro recriminando o segundo por fornecer-lhe um produto avariado. Os ganhadores (os que puxam as carroças e carregam as cadeirinhas) agitam-se nas praias, cantando, ao som de capitães e de marimbas:

Caritas é a minha irmã mais bela!
A senhora é malvada, malvada, malvada!
Acabo de ganhar um cruzeiro: de noite, vou beber cachaça!

Ouve-se o lamento de um jovem escravo que serra madeira num fundo de quintal:

Meu senhor me deu chicote! Me deu chicote! Me deu chicote!

De noite, eles vão jogar no mar as tinas de excrementos e o lixo (a cidade ainda não possui latas de lixo nem fossas sépticas). Depois, para esquecerem os trabalhos duros e sacrificarem-se ao rito do banzo (essa saudade típica dos filhos da África), saem, de tambor na mão, a fim de fornicar nos cantos e dançar nas praças públicas.

Evidentemente, a plebe são eles: os ancestrais distantes e predestinados do lumpemproletariado de hoje. Todavia, entre eles já há inúmeros alforriados. Alguns viraram calceteiros ou artesãos, talvez até cocheiros ou escreventes de comerciantes, caso dos mais meritórios. E, além disso, aprenderam a se juntar para defender seus direitos. Têm suas igrejas e suas próprias confrarias. Não esqueçamos que a igreja Nossa Senhora do Rosário e São Benedito dos Homens Pretos foi construída pelos negros, e a de Nossa Senhora da Conceição da Boa Morte, pelos mulatos! As mulheres não ficam atrás nesse tímido

renascimento. Algumas tornam-se gerentes das vendas (essas curiosas tabernas da época, aonde a fina flor da cidade ia bebericar um café e se informar sobre os acontecimentos do dia). Outras — incrível! — tornam-se nada menos que concubinas, e até esposas, nas grandes propriedades, onde, por sua vez, se beneficiam dos serviços de um exército de escravos e domésticos. Aliás, de certo modo a época é favorável a elas. Inúmeros jovens portugueses solteiros vão tentar fazer fortuna no novo Eldorado e acabam se casando com uma jovem negra (afinal de contas, é mais barato do que mandar vir uma donzela de Coimbra ou Badajoz, que, para completar, poderia ser cheia de nove-horas e se queixar da umidade do clima). Por sinal, ter uma negra na cama não é nada repreensível: é até mesmo uma forma de esnobismo entre os filhos de boas famílias. Expilly (mas isso é apenas uma observação de um hóspede de passagem) é mais indulgente com os encantos das descendentes de escravos do que com os das elegantes vindas de Portugal. Eis o que escreve a respeito dos quarteirões mal-afamados do Rio: "Pois é! Declaro nunca ter entrevisto nada atrás das gelosias das casas ou nas janelas, nem um único motivo para remorsos atrozes. A feiura de seus rostos é tão chocante como a falta de asseio de suas pessoas. Vendo essas cortesãs degeneradas, compreende-se o gosto dos brasileiros pelas mulheres de cor e, mais ainda, pelas negras. Tem uma tal de negra mina, repete-se sempre, que na Europa, até em Paris, todos achariam bonita".

O Rio ainda não passa de uma cidadezinha, que fede por causa das latrinas e das águas paradas, que está infestada de índios embriagados, de brancos corroídos pela malária e de negros aleijados. A fome ronda e a febre amarela ameaça a cada estação. Mas todos os ingredientes estão reunidos para torná-la a metrópole multicolorida, faceira e despudorada que ela hoje se tornou. Quando Debret atraca na baía de Guanabara, a cidade é a capital do Brasil há quase setenta

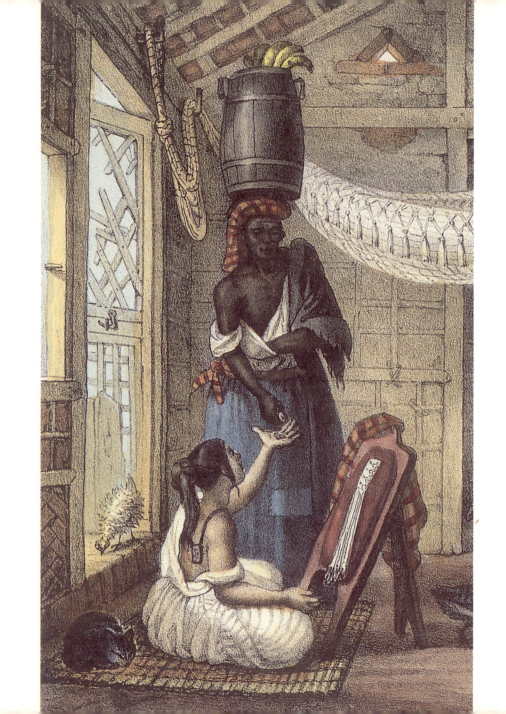

anos. Na verdade, graças à descoberta do ouro em Minas Gerais, ela desbancou Salvador. Seus senhores de lavra (os concessionários de minas) agora ultrapassam em poder os senhores de engenho de Bahia e Alagoas. Ela abrigou d. João VI, rei de Portugal corrido de Lisboa pelas tropas de Napoleão. Agora, abriga seu filho, d. Pedro I, que proclamará a Independência em 1822, antes de abdicar em 1831 em benefício do próprio filho, d. Pedro II. O ouro vindo de Ouro Preto e de Diamantina corre a rodo, e nos vales do Paraíba é o *boom* do café que está chegando. Suas lindas residências (os solares e os sobrados) atraem negociantes e cônsules dos quatro cantos da Europa, e suas igrejas impressionam, com os esplêndidos campanários e os abundantes dourados, todos os visitantes, a começar por Adolphe d'Assier, madame Toussaint Samson e o próprio Charles Expilly, embora este finja torcer o nariz à exuberância do espetáculo: "Esse amontoado de campanários dourados, de torres, de tetos, de cúpulas sem uma originalidade séria talvez atraia, mas não encanta o olhar. O quadro é belo demais, resplandecente demais para que a tela produza efeito". Mas, pelo que se sabe, monsieur Expilly não era pintor. Gostaríamos de ter a opinião de um verdadeiro mestre.

Ora, parece que Debret, que conhece melhor o assunto, desenhou mais os costumes dos cariocas do que o panorama do Rio. Porém, é improvável que não tenha se extasiado diante de maravilhas como a igreja de São Francisco da Penitência (cujas esculturas de madeira cobertas de ouro são as mais ricas do Brasil), a de São Francisco de Paula (cujos maravilhosos altares são assinados por ninguém menos que Mestre Valentim) ou a da Candelária, já então a mais imponente da cidade. Quantas vezes, saindo do palácio, onde tinha carta branca, não deve ter sentado perto do chafariz que enfeitava, bem em frente, o Terreiro do Paço e em cuja base o próprio Mestre Valentim gravou em latim esta inscrição enigmática: "Enquanto Febo, de suas carruagens de fogo, queima os povos, Vasconcelos, com as

águas da cidade, acalma a sede". Ele, que muito pintou os negros, quase sempre com ternura, será que lhe vinha ao espírito que os ancestrais do autor dessa inscrição — como, aliás, os de Aleijadinho — nada mais eram que simples mercadorias, no dia em que, pela primeira vez, pisaram no solo do Brasil? Terá sido também vítima da saudade, ou do banzo? Provavelmente, já que seus quadros nos dizem que, mais de uma vez, ele desertou a cidade para ir pintar as cenas cruéis e cotidianas da vida dos negros nas fazendas. Na época, cada escravo tinha de plantar três fileiras de pés de café, cada uma de cem a 150 metros de comprimento, e colher, ao mesmo tempo, 75 litros de frutos maduros, tudo isso debaixo do chicote e dos palavrões dos feitores, quando não era debaixo de chuva e geada. Não admira que a vida ativa do escravo raramente ultrapassasse quinze anos! Em geral, morriam cedo, vítimas das dezenas de arrobas de fardos que eram obrigados a carregar de uma só vez, mas também de malária, erisipela, mordida de cobra ou, pura e simplesmente, do ódio de um companheiro, cujo mau-olhado o talento do mandingueiro não conseguira espantar. A escravidão ainda terá belos dias pela frente. O trato dos negros só será suprimido em 1850, e a abolição propriamente dita só virá em 1888. E mesmo assim!

De qualquer maneira, o Rio não tem apenas desterrados e enjeitados. Tem também suas baronesas e seus altos funcionários, seus príncipes de sangue e seus novos-ricos. A chegada inesperada da Corte portuguesa acarretou mudanças até no cerne do mundo branco, doravante subdividido em duas novas raças, que desconfiam uma da outra: a *gente do rei* e a *gente da terra*. A gente do rei ocupa os palacetes e supervisiona o comércio e a administração. Essa alta sociedade vive à europeia, considerando com desprezo a rusticidade e a indolência tropical dos brasileiros de origem europeia e dos mulatos. Organizam grandes bailes em que convidam infantes e duquesas a bailar danças de nomes exóticos: a chamada dança dos

mouros, uma outra conhecida como dança dos macacos e a que se chamava a dança da China. Por ocasião dos noivados e casamentos, organizam grandiosas festividades militares, com corridas de cavalos e de trenós, carrosséis e desfiles de cavaleiros em uniformes emperiquitados (Debret, aliás, representou-os numa aquarela magnífica). Têm suas festas privadas e suas regatas (e estas, nas palavras de Machado de Assis, nada ficavam a dever às de Epsom). Debret descobrirá que o primeiro teatro da cidade (o São João) já abriu suas portas, e lá dentro, com toda certeza, não se sente longe de casa: encenava-se essencialmente o repertório francês (em especial Marivaux e Beaumarchais), e na língua de Molière, façam-me o favor! Por sinal, nesse início de século a língua francesa é onipresente no Rio de Janeiro. É de bom-tom falar francês nos jantares de gala, mesmo quem só tem vagas noções da língua, e mandar os filhos estudar em Paris. As pessoas apaixonam-se pelas novas ideias. Leem Spencer e Auguste Comte: "Ordem e progresso"! Como entre seus primos europeus, aqui também o "positivismo" está na crista da onda...

Assim era o Rio: um caldo de culturas e raças cujos ímpetos carnais e pulsões canibais foram, de um jeito ou de outro, contidos pelo espartilho do credo europeu do espírito e da razão! Será preciso esperar quase um século para que, finalmente, a cidade arranque a máscara e apareça com seu rosto verdadeiro, o da moça frívola e insaciável e que apenas aguardava o primeiro compasso do samba para liberar todos os seus instintos.

Barbeiros ambulantes

Relegados, é verdade, ao último degrau da hierarquia dos barbeiros, esses Fígaros nômades sabem, porém, tornar sua profissão ainda bastante lucrativa, quando, manejando com habilidade ora a navalha ora as tesouras, põem-nas a serviço da vaidade de negros dos dois sexos, igualmente apaixonados pela elegância do corte de cabelo.

A forma e os enfeites do chapéu dos jovens barbeiros datam da época da fundação do Império brasileiro. Com efeito, naquele momento de entusiasmo nacional, as frequentes paradas difundiram o gosto militar em todas as classes da população, e os negros, naturalmente imitadores, transformaram o *schako* em um chapéu de palha grotesco, ornamentado com um cocar nacional e dois galões pintados a óleo; uma pena de pássaro substitui o penacho do uniforme.

Jean-Baptiste Debret

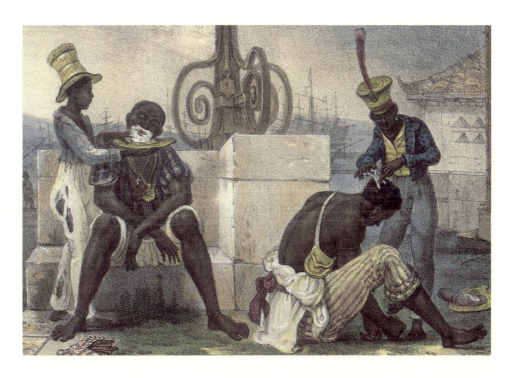

Luiz Felipe de Alencastro

A PENA E O PINCEL

TODO COMENTÁRIO sobre os desenhos e as aquarelas de Debret pode parecer redundante na medida em que o pintor estudou ao longo dos anos e descreveu pormenorizadamente as cenas brasileiras por ele retratadas. Sucede, porém, que a vasta difusão, sobretudo no Brasil, das estampas da *Viagem pitoresca e histórica* acabou tornando secundário, e fez às vezes esquecer, o complemento textual da obra.

Atento à complexidade da realidade social que desejava representar, o artista junta a narrativa escrita ao desenho colorido das coisas e das gentes brasileiras. Dessa forma, se esclarece a aparente ambiguidade do título do livro. De fato, *pitoresca* deve aqui ser entendida no sentido original da palavra, como "relativa à pintura", precedendo a palavra *histórica*, referente à narração metódica dos fatos. Mas a distinção entre *pitoresca* e *histórica* também corresponde à diferença entre a pintura oficial da Corte portuguesa no Rio de Janeiro e do Primeiro Reinado do Império do Brasil, de um lado, e a pintura de costumes e tipos característicos da sociedade local, de outro lado.

No entanto, seria equivocado dar relevo aos textos das pranchas e ao conteúdo informativo da obra pictural de Debret para reduzi-lo ao papel de documentarista da sociedade oitocentista brasileira. Estudos críticos recentes demonstram que a estética de Debret também ocupa um lugar à parte na história da pintura no Brasil. Realizando óleos, gravura em metal, aquarelas e desenhos durante sua estadia, ele transfere mais tarde suas pranchas desenhadas e aquareladas para a litografia, técnica relativamente recente que conhecia grande su-

cesso nas primeiras décadas do século XIX. Momento em que tal técnica se apresentava como o procedimento mais avançado para reproduzir e difundir eventos e paisagens peculiares. Na segunda metade do século, ocorre uma mudança mais decisiva ainda na representação da imagem e na difusão do exotismo ultramarino. De fato, o sucesso das fotografias colorizadas dos pintores-fotógrafos europeus transitando pelo Brasil, como o francês Victor Frond, limita o recurso às litografias.[1]

Assim, litografando suas aquarelas e desconhecendo ainda a fotografia, Debret apresenta-se, conforme salienta Rodrigo Naves no seu ensaio crítico renovador, como o artista de sua época que incorpora de maneira mais criativa a sociabilidade brasileira na formação de sua obra pictórica. Ao inverso de outros pintores estrangeiros presentes no Brasil na mesma altura, como seu compatriota e companheiro de viagem Nicolas Taunay (1755-1830), o austríaco Thomas Ender (1793-1875), o inglês Henry Chamberlain (1796-1844), ou o alemão Johann Moritz Rugendas (1802-58), que procuraram retratar particularidades temáticas da terra, "sem que para isso lhes fosse necessário encontrar uma forma de representação razoavelmente pertinente", escreve Naves.[2]

No conjunto de sua obra — na narrativa histórica, na pintura das cerimônias políticas e da sociedade —, Debret aparece como o mais autorizado intérprete europeu do Brasil independente. Sua estadia de quase dezesseis anos no país, as relações duráveis que teceu com artistas, intelectuais, políticos e personalidades brasileiras e portuguesas, sua posição privilegiada junto à corte lusitana e — depois da Independência — junto à corte brasileira, suas funções de fundador e professor da Academia de Belas-Artes do Rio de Janeiro ("tive a oportunidade de manter, constantemente, por intermédio de meus alunos, relações diretas com as regiões mais interessantes do Brasil, relações que me permitiram obter, em abundância, os documentos

Aceitação provisória da Constituição de Lisboa

necessários ao complemento de minha coleção"), situam sua obra num patamar distinto do registro apressado deixado pela série de "viajantes" estrangeiros no Brasil oitocentista, entre os quais ele costuma ser indevidamente incluído.[1]

Nesse sentido, convém atentar para a novidade inaugurada no campo cultural pelo grupo mais tarde conhecido como Missão Francesa. Como se sabe, desembarcaram no Rio de Janeiro, em 1816, além de Joachim Lebreton, chefe do grupo, e de Jean-Baptiste Debret, "pintor e historiador, discípulo de David", como ele próprio se intitulava, o "pintor de paisagem e de gênero" Nicolas Taunay e seu irmão, Auguste Taunay, escultor, Grandjean de Montigny, arquiteto, e Simon Ovide, professor de mecânica. Artesãos e auxiliares franceses também compunham essa missão organizada em Paris por Lebreton, secretário da seção de Belas-Artes do Instituto de França, em entendimento com o governo português. Na circunstância, a Missão Francesa distingue-se da viagem dos sábios e artistas da expedição francesa ao Egito (1798-1801), incorporada a uma vasta operação de conquista militar. Mas a Missão no Rio de Janeiro deve também ser diferenciada do itinerário de cientistas-exploradores, como o prussiano Humboldt, ou de artistas-viajantes, como Rugendas, que transitam por vários países americanos em jornadas mais ou menos solitárias. Efetivamente, em sua empresa pacífica e coletiva, Joachim Lebreton e seus companheiros chegam ao Brasil como convidados e hóspedes do rei de Portugal para ficar, criar uma Academia de Belas-Artes e desenvolver atividades culturais contínuas, destinadas a formar artistas e especialistas, deixando uma influência duradoura no novo império. Em particular, um dos discípulos de Debret, o pintor e crítico de arte brasileiro Araújo Porto Alegre (1806-79), exercerá grande influência cultural e artística no Brasil imperial.

A pintura oficial da monarquia nos trópicos

Ex-colônia, Reino Unido a Portugal (1815), país rebelado contra a Metrópole, monarquia estabelecida sob a forma de um império constitucional, o Brasil das primeiras décadas do século XIX constitui o "assunto tão novo" que Debret entendia explicar aos seus compatriotas franceses e aos europeus em geral. Embora tenha viajado pelo sudeste do país, passando pelos territórios dos atuais estados de São Paulo, Paraná, Santa Catarina e Rio Grande do Sul, durante sua estadia americana o artista francês fixou residência no Rio de Janeiro. Cidade cujas características culturais e políticas acentuavam ainda mais a singularidade da sociedade tropical que ele pretendia analisar de "maneira completa".

Quando os artistas e os diversos especialistas franceses desembarcaram na baía de Guanabara, a cidade já sediava a Corte portuguesa havia seis anos. A transferência da família real, da administração régia e da Metrópole para a colônia americana transformara o Rio de Janeiro em capital das terras europeias, africanas e asiáticas do Império português. Perdurando até 1821, esse acontecimento inédito na história europeia impressionou os contemporâneos. Ainda a bordo do navio que os levava para a América do Sul, os franceses foram informados de que a rainha portuguesa falecera e o Brasil fora "decretado Reino e residência do novo rei, e Portugal [decretado] colônia".[2] Notícia parcialmente inexata (na verdade os dois países passavam a compor um Reino Unido), mas reveladora das expectativas de eventos extraordinários geradas pela presença da Corte europeia no Rio de Janeiro.

No terreno político, a aclamação do príncipe d. Pedro como imperador do Brasil, em outubro de 1822, um mês após a declaração de independência do país, criava a única monarquia de origem europeia que se enraizaria no Novo Mundo.

Bailado histórico (detalhe)

No contexto de adaptações, mimetismo e improvisos que marcam o ritual político e as práticas institucionais da Corte americana, a pintura oficial do artista francês teve um papel decisivo na representação do Império do Brasil. Com efeito, discípulo de seu primo Jacques-Louis David (1748-1825), principal artista francês do neoclassicismo, com quem fez estágio em Roma e cujos alunos ele dirigiu em Paris durante quinze anos, Debret havia sido testemunha e artista-intérprete da Revolução Francesa e da Corte imperial de Napoleão I. Na sequência da morte da rainha de Portugal, os preparativos para a aclamação de d. João VI, primeiro herdeiro de um Trono europeu a ser consagrado rei no Novo Mundo, coincidiram com a chegada da Missão Francesa ao Rio de Janeiro. Como escreve Debret, "chegávamos a propósito, e apressaram-se em fazer com que nossos diversos talentos contribuíssem para a importante cerimônia que ia outorgar à colônia brasileira um lugar entre os reinos do antigo continente".[1] Contudo, fundada na legitimidade transatlântica dos Bragança, avessa à ideia de ruptura revolucionária ou de retorno aos ideais da Antiguidade clássica, a monarquia portuguesa no Brasil (1808-21) e sua derivação brasileira do Primeiro Reinado (1822-31) não se prestavam a ser interpretadas como um decalque tropical dos ritos franceses da Revolução e do Império napoleônico. Em outras palavras, enquanto em Paris o modelo era a austeridade cívica de Atenas, Esparta e Roma, no Rio de Janeiro se pretendia imitar a pompa do Antigo Regime das cortes de Versalhes, do Escorial e de Mafra.

Nessa conjuntura, a pintura oficial de Debret busca representar a continuidade dos ritos da realeza lusitana transladada para o Brasil. A perspectiva de permanência das hierarquias e dos símbolos, de aprendizado da tradição monárquica na América do Sul, foi ainda acentuada pela situação política brasileira no período em que Debret retornou a Paris (1831) e preparou a edição de seu livro (1834-39).

Efetivamente, nos anos 1830, o destino da monarquia brasileira parecia incerto. Abandonado por d. Pedro I e por altos funcionários régios que retornaram a Portugal, dirigido por governos regenciais durante a menoridade do herdeiro do Trono (1831-40), o Império do Brasil debatia-se com revoltas regionais em que surgiam ameaças de secessionismo político e correntes republicanas. Dessa sorte, a inscrição das cerimônias imperiais e dos momentos fundadores da instituição imperial na *Viagem pitoresca* assume um caráter pedagógico, de propaganda política em favor do único governo monarquista da América, de apoio ao representante ameaçado do "sistema europeu" num continente de países dotados de governos republicanos encarnando o "sistema americano".

Três situações distintas ilustram a intervenção normativa de Debret na teatralização da política, na representação do poder régio, da grande pompa não religiosa, assim como as correções que a elite imperial introduz no conteúdo de seu trabalho. Num primeiro caso, na encenação teatral dedicada à comemoração da subida de d. João VI ao Trono e ao casamento de d. Pedro com d. Leopoldina, em maio de 1818, Debret serve-se dos documentos europeus para dar solenidade e autoridade ao "bailado histórico" apresentado diante do soberano: "A fim de não perder, na medida do possível, o meu caráter de pintor de história, vali-me do antigo cerimonial dos reis de Portugal para representar d. João VI em uniforme real" (*Bailado histórico*, pr. 39, vol. 3). Graças à paleta do pintor francês, a tradição monárquica registrada nos livros portugueses é representada no ultramar, tomando as cores e as formas que servirão de referência aos procedimentos da Corte brasileira.

Numa segunda situação, na litografia que representa a cerimônia de coroação de d. Pedro como imperador do Brasil, Debret estabelece, em cinco planos que ele descreve no seu comentário, as particularidades da hierarquia dos poderes e das autoridades do novo

Estado (pr. 48, vol. 3, *Coroação de d. Pedro, imperador do Brasil*). A litografia reproduz um quadro a óleo pintado em 1828 pelo artista. Diferentemente do que sucedera até então nas monarquias portuguesas de Avis e de Bragança, regidas unicamente por reis, d. Pedro, prolongando na América o modelo institucional napoleônico, entronizou-se imperador. Mas escolheu como data de sua coroação o dia 1º de dezembro, aniversário da Restauração portuguesa e da subida ao Trono da dinastia de Bragança (em 1640). Nas circunstâncias da conjuntura política brasileira, as câmaras municipais, único poder político constituído em toda a extensão do novo território nacional, deviam exprimir o juramento de vassalagem que fundamentava o poder imperial.[1] Por isso, Debret situa no primeiro plano deste quadro o juramento de fidelidade ao imperador, prestado pelo presidente da Câmara Municipal do Rio de Janeiro. Na representação da etapa anterior do processo institucional, marcado pela aclamação na praça pública, no mês de outubro, de "d. Pedro, defensor perpétuo e imperador constitucional do Brasil", o presidente da Câmara Municipal do Rio de Janeiro também aparece num lugar de destaque, à esquerda do imperador e da imperatriz (pr. 47, vol. 3, *Aclamação de d. Pedro I no Campo de Santana*). O caráter pomposo da cena parece ainda mais artificial quando se conhece a pouca consideração do pintor e dos diplomatas europeus pelos modos de d. Pedro I: um indivíduo de "maneiras violentas e quase selvagens", como o próprio Debret observa poucas páginas antes de comentar o fausto da coroação.

Enfim, numa terceira situação, ironicamente descrita por Debret, transparecem as restrições que a hierarquia do regime imperial impunha aos quadros quando a figuração dos eventos políticos escapava aos critérios do neoclassicismo oficial. Após a Independência e a proclamação de d. Pedro I, o diretor do Teatro da Corte decidiu substituir o pano de boca da sala de espetáculos, que mostrava o rei de

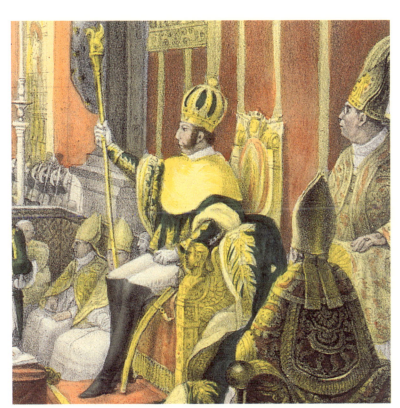

Portugal cercado de seus súditos. Convocado para pintar um novo quadro, Debret fez um primeiro esboço, em que desenhava d. Pedro I sentado em um trono coberto por uma tapeçaria estendida por cima de palmeiras. A composição não agradou a José Bonifácio de Andrada, principal ministro da Coroa e artífice da Independência, que pediu a substituição das palmeiras por um motivo arquitetônico, "para afastar toda ideia de estado selvagem". "Coloquei então o trono sob uma cúpula sustentada por cariátides douradas", conclui Debret (pr. 49, vol. 3, *Pano de boca executado para a representação extraordinária dada no Teatro da Corte por ocasião da coroação de d. Pedro I, imperador do Brasil*). Outros artistas persistem em pintar as palmeiras na paisagem brasileira, e a "ideia de estado selvagem" que as plantas sugeriam desaparece em seguida na pintura oficial e alegórica do reinado de d. Pedro II (1840-89).

Resta que, tolhido pelas contradições da pintura oficial, pela pintura de encomenda que devia produzir para seus protetores portugueses e brasileiros, Debret exercerá sua arte de maneira muito mais inventiva ao desenhar os tipos humanos e a sociedade do Rio de Janeiro. É certo que a *Viagem pitoresca* guarda uma perspectiva civilizatória apta a aproximar a sociedade brasileira dos modelos culturais europeus. No prefácio do livro, Debret sublinha essa perspectiva. Entretanto, os textos e as pranchas seguem atentamente as asperezas sociais e culturais da sociedade brasileira e, em particular, a mais característica, a mais irredutível de todas: a escravidão.

Os impasses da vertente orientalista e da pintura dos índios

Na sua segunda estadia em Roma (1807-09), depois do período que ali passara ao lado de Ingres, sob a tutela artística de David, Debret desenhou as 33 ilustrações de seu livro *Trajes italianos*, publi-

cado em Paris em 1809. De caráter documental, esse álbum demonstra o interesse do artista pelo registro de tipos culturais bastante estudados e reproduzidos naquela época. No Brasil, ele continuou a explorar essa vertente acadêmica de representação de personagens tradicionais, explorando os aspectos que considerava orientalizantes na sociedade brasileira. Com efeito, algumas litografias da *Viagem pitoresca* operam artificialmente uma torção no significado das imagens brasileiras para aproximá-las do exotismo oriental, moda então dominante na Europa.

Diversas vezes, no comentário das litografias, Debret procura inculcar a "maneira asiática" da mulher brasileira sentada (pr. 6, vol. 2, *Uma senhora brasileira em seu lar*; pr. 7, vol. 2, *O jantar no Brasil*; pr. 10, vol. 2, *Visita a uma fazenda*; pr. 29, vol. 2, *Sapataria*), ou procura comparar a varanda brasileira à arquitetura mouresca (pr. 8, vol. 2, *As distrações dos ricos depois do jantar*).

Várias das ilustrações da *Viagem pitoresca* são impregnadas desse orientalismo postiço. A prancha que mostra o "vendedor de cestos" (pr. 13, vol. 2), revela a maneira como a estilização da figura de um negro introduz as imagens do Oriente na memória e no olhar de seu leitor. Descrevendo a cena, Debret observa que a bengala do negro lembra um bastão egípcio e conclui: "o artista e o antiquário reconhecerão no conjunto deste ingênuo carregador de cestos o tipo imortal das esculturas gregas e egípcias". A litografia *Uma senhora, na sua cadeirinha, indo à missa* (pr. 5, vol. 3) poderia figurar num álbum sobre os portugueses de Goa ou de outros pontos da Ásia portuguesa. A composição da prancha 10, cena do interior de uma fazenda, faz aparecer o salão quase inteiramente ocupado por mulheres livres e escravas, como se o ambiente fosse o do harém de um sultão. Um homem é retido à porta por um empregado, enquanto o escravo negro, com o rosto coberto pela máscara de zinco, tem seus traços masculinos ocultados. Sentada "à moda asiática", a dona da

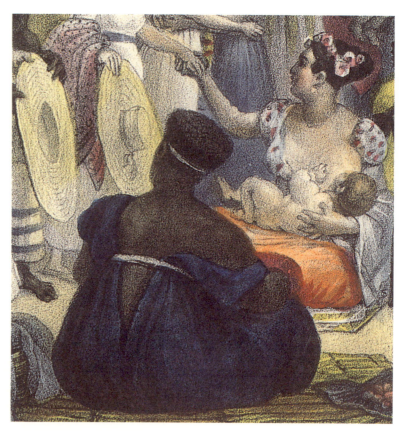

casa, "cujas formas quase masculinas mostram os restos de uma compleição extraordinariamente forte", com seu lenço de cabelo preso tal qual um turbante, assemelha-se a um eunuco asiático. Na prancha 37 do volume 2 (*Carros e móveis prontos para ser embarcados*) a representação assume contornos do antigo Egito, com os escravos carregando um volume parecido com uma pedra piramidal e uma poltrona de tipo oriental; à beira do cais, uma corda toma a forma de uma longa áspide. A prancha intitulada *Manhã de quarta-feira santa* (nº 31, vol. 3) traz as filas para confissão obrigatória da Quaresma, mas a postura das mulheres sentadas e totalmente vestidas de negro dá à cena uma composição oriental, levando a igreja a adquirir o perfil de um templo levantino.

De todo modo, o viés orientalista supostamente percebido no quadro social brasileiro soa falso. Aliás, naquela mesma altura, Ingres, companheiro e condiscípulo de Debret em Paris e Roma, compunha a tela *La grande odalisque* (1814), situando o orientalismo na sua referência cultural específica.

Nesse mesmo registro, convém notar os impasses que caracterizam a representação dos índios na *Viagem pitoresca*. Debret teve pouco contato com as tribos indígenas do Brasil. Viu no Rio de Janeiro grupos de indígenas trazidos do interior sob coação das autoridades portuguesas e brasileiras; nas suas viagens pelas províncias do Sul observou talvez algumas tribos compulsoriamente aldeadas, e copiou máscaras e artefatos indígenas reunidos nos museus e nas coleções privadas da capital do Império. Na circunstância, os etno-historiadores consideram que as litografias sobre os índios contêm incorreções étnicas e culturais a respeito das tribos retratadas, enquanto os críticos apontam a mediocridade artística de uma pintura que oscila entre o grotesco e a idealização dos personagens.[1]

Na verdade, as supostas analogias desenhadas por Debret entre a população negra do Rio de Janeiro e a temática egípcia, muçulmana

Transporte de uma criança branca para ser batizada

Uma senhora, na sua cadeirinha, indo à missa

e orientalizante em geral, como também suas tentativas de fazer figurar o Brasil indígena na *Viagem pitoresca*, esbarravam no movimento contínuo do tráfico negreiro: a capital do Império estava se tornando o maior núcleo de origem africana na América e a maior concentração urbana de escravos da Época Moderna.

Os escravos na corte imperial

A transferência da Corte, atraindo funcionários régios, religiosos e militares de Portugal, comerciantes estrangeiros e representações diplomáticas, assim como habitantes de outras províncias brasileiras, provocou um forte crescimento no Rio de Janeiro.[1] Na zona urbana do município, excluídas portanto as freguesias rurais, a população passa de 43 mil habitantes em 1799, para 79 mil em 1821, 97 mil em 1838 e atinge 206 mil habitantes em 1849. No seu estatuto de Corte, de capital de um império centralizado e de maior porto brasileiro, a cidade conhece uma forte demanda de empregados, artesãos e serviços diversificados nas primeiras décadas do século XIX. Diante disso, surge um tipo social já presente em outras cidades das regiões escravistas da América, mas cujo papel toma proporções inéditas no Rio de Janeiro: o escravo de ganho.

Exercendo as mais variadas atividades, o escravo de ganho podia assumir dois estatutos no mercado de trabalho urbano. Podia ser um carregador, um vendedor ambulante, um barbeiro praticando suas habilidades nas ruas em troca de uma remuneração que seria entregue no final do dia ao seu senhor (prs. 11, 12, 13, 14, 30, 37 e 38, vol. 2; pr. 6, vol. 3). Mas também, na condição de escravo de aluguel, o escravo apresentava-se como um empregado, um artesão ("escravo de ofício") que trabalhava regularmente para um patrão, o qual pagava um salário ao proprietário do escravo (prs. 18 e 29, vol. 2;

pr. 33, vol. 2, *Negros calceteiros*). Ao lado dessas funções, destaca-se ainda o uso de escravos no ambiente doméstico, prática generalizada em todas as camadas da população desde o início da colonização portuguesa. Como vêm demonstrando as pesquisas históricas e os estudos comparativos entre as diferentes regiões do Novo Mundo, a utilização de escravos era bastante difundida e bem repartida entre os proprietários da época colonial e nacional brasileira. Pessoas livres e pobres, e mesmo ex-escravos alforriados, aparecem como proprietários de escravos para uso doméstico ou para a locação.[1]

Dessa forma, o hábito de possuir cativos domésticos e o uso de escravos de ganho constituem o elemento mais característico e bizarro do Rio de Janeiro até a segunda metade do século XIX, quando a imigração de proletários portugueses muda radicalmente a composição social da cidade.[2]

A extravagância da situação decorria de uma série de fatos complementares. Em primeiro lugar, o Rio de Janeiro torna-se o centro do contrabando negreiro — considerado ato de pirataria pela legislação brasileira e internacional — que se desenvolve após 1831. O afluxo constante de africanos leva ao ineditismo histórico registrado em 1849. Contando com 266 mil habitantes, o conjunto do município do Rio de Janeiro (zona rural e urbana) tinha um contingente de 110 mil escravos (41,3% dos habitantes). Na zona urbana, viviam 79 mil escravos.[3] Um terço dos habitantes do município, no mínimo, havia nascido na África. As estatísticas para os anos precedentes são menos precisas, mas as proporções não deviam ser muito diferentes das que venho de assinalar. O fato é que a capital habitada e retratada por Debret aparecia como uma cidade marcada pela presença dos escravos, dos africanos e dos negros em geral. O texto da *Viagem pitoresca* assinala a "multidão imensa de escravos espalhados pelas ruas do Rio de Janeiro". Em segundo lugar, a concentração dos escravos nas atividades urbanas provocava cotidianamente incidentes que criavam uma atmosfera trágica e aberrante em toda a cidade.

Enfim, essa situação social contrastava fortemente com as pretensões da Corte e da elite imperial, que tencionava copiar os modos de vida europeus em geral e os hábitos parisienses em particular. Nessa ordem de ideias, quando Debret menciona o Império do Brasil como "a parte mais avançada do Novo Mundo", ele se refere, em bom bonapartista, ao quadro institucional, à organização política do país: um regime monárquico tutelado pelo imperador. Não pensa, certamente, nas práticas sociais e nos hábitos dos brasileiros, que classifica de grosseiros e indolentes perante a onipresença da escravidão.

Desse ponto de vista, é importante assinalar, mais uma vez, a interação entre os textos redigidos por Debret e as suas litografias. Como o próprio autor adverte na sua "Introdução": "no intuito de tratar de uma maneira completa um assunto tão novo, acrescentei a cada prancha litografada uma folha de texto explicativo, a fim de que pena e pincel suprissem reciprocamente sua insuficiência mútua". Na realidade, o pincel e a pena de Debret estavam enquadrados por dois olhares distintos: o olhar dos leitores brasileiros, aos quais ele não queria desagradar com uma interpretação severa dos costumes locais, e o olhar dos leitores franceses e europeus, aos quais seriam apresentadas as curiosidades do império tropical. Desse modo, as litografias e os textos de Debret aparecem como grandes espelhos situados frente a frente num salão oitocentista, os quais refletem as imagens cruzadas dos olhares europeus e brasileiros sobre o Império do Brasil.

Pintor quase oficial dos rituais da Corte portuguesa e, em seguida, da Corte brasileira, Debret preocupava-se em manter boas relações com a elite do Império. Seus comentários procuram ressalvar os avanços sociais e culturais do país, onde se desenvolvia, "progressivamente, uma civilização que já honra esse povo [...] o bastante para

merecer um paralelo com as nações mais brilhantes do Velho Continente". Ao mesmo tempo, ele deve explicar aos seus leitores franceses a ambiguidade dos costumes que retrata. Tudo se passa como se a descrição da cena se fizesse necessária para evitar que o leitor e observador europeu se equivocasse com a significação das imagens, das profissões e dos ambientes figurados na *Viagem pitoresca*.

Todavia, ao desdobrar a temática pictural, seus textos acentuam, e por vezes alteram, o significado aparente dos quadros. Assim, quando retrata os ofícios, as lojas, o cotidiano doméstico dos brasileiros, Debret deve redefinir as situações no quadro específico da escravidão, relativizando o sentido da "civilização" que se desenvolvia no Brasil, e tornando deslocado — quase extravagante — o "paralelo" entre a nação brasileira e as nações do Velho Continente.

Debret não era um militante abolicionista, como o dinamarquês Paul Harro-Herring, cujos guaches pintados no Rio de Janeiro em 1840 têm a força de um manifesto. Ele também foi mais discreto que Rugendas, seu colega e amigo que não hesitou em condenar e pintar os dramas do tráfico negreiro, como observa Xavier-Philippe Guiochon.[1] Ainda assim, a pintura de Debret integra as nuances da violência e das deformações sociais geradas pela escravidão.

Os africanos recém-desembarcados são representados nas suas figuras esquálidas, diante do vendedor pançudo refestelado na cadeira e do fazendeiro comprador que negocia o preço de uma criança isolada dos três grupos de escravos (*Mercado da rua do Valongo*, pr. 23, vol. 2). Debret procura preservar o amor-próprio dos seus leitores do Brasil, apontando o comércio de escravos, prática bem brasileira, como uma atividade quase exclusiva dos ciganos. Afirmação falsa repetida no texto relativo à litografia que representa o

"interior de uma casa de ciganos". Quadro de grande força sugestiva que ilustra perfeitamente a banalização da violência escravista: nem as três senhoras conversando no primeiro plano, nem as escravas lavadeiras do segundo plano reagem à flagelação de um escravo ajoelhado. No fundo, acuados, desenham-se grupos de africanos (pr. 24, vol. 2).

As outras cenas de castigo de escravos aparecem de maneira muito mais explícita e são completadas por uma descrição atroz dos sofrimentos infligidos pelo feitor e o carrasco encarregado da punição pública (prs. 25 e 45, vol. 2). A litografia intitulada *Sapataria* (pr. 29, vol. 2) merece atenção. No texto, Debret explica: "O desenho representa a loja opulenta de um sapateiro português, castigando seu operário escravo; sua mulher mulata, embora ocupada em aleitar o filho, não resiste ao prazer de ver um negro ser castigado". Debret terá sido o primeiro artista a expor a violência escravista ao lado do sadismo que impregnava a dominação senhorial. Pouco mais tarde, em 1840, o pintor e militante abolicionista dinamarquês Harro-Herring desenvolve essa dimensão do escravismo em seus guaches sobre o mercado de escravos do Rio de Janeiro.

De maneira mais sutil, a truculência escravista também irrompe na cena singela que representa "uma senhora brasileira em seu lar" (pr. 6, vol. 2). No texto explicativo, Debret critica a rotina e a ignorância em que as mulheres eram mantidas. Ele também descreve as funções dos escravos que auxiliam a senhora, o mobiliário em volta dela e o seu cesto. "Bem perto dela, e bem a seu alcance, acha-se o gongá destinado a guardar as peças de roupa de baixo; entreaberto, deixa de fora a ponta do chicote, um enorme açoite inteiramente de couro, instrumento de castigo com que os senhores ameaçam seus escravos a toda hora." Em todas as casas, a todo instante, pairava a ameaça do açoite, da pancada, da violência. A representação do exercício do terror escravista provocou reações imediatas de desapro-

vação entre os leitores brasileiros da *Viagem pitoresca*. De fato, no Instituto Histórico e Geográfico, onde Debret contava numerosos amigos e conhecidos, as litografias comentadas acima (prs. 25 e 45, vol. 2), sobre os castigos a que eram submetidos os escravos, suscitaram um debate e um comentário crítico sobre o seu livro. Preocupados com a imagem do Brasil na Europa, os membros do Instituto caracterizaram as cenas retratadas como um "abuso" individual de algum senhor cruel. Fato que, segundo eles, não deveria comprometer a reputação de "humanidade" geralmente atribuída aos senhores de escravos brasileiros.[1] Ora, como Debret sugeria e conforme demonstra a historiografia recente, o terror senhorial constitui um elemento central da ordem escravista no Brasil colonial e oitocentista.

Outro aspecto da obra de Debret que a pesquisa historiográfica atual ajuda a valorizar se refere ao tema da morte. Um livro recente de João José Reis, *A morte é uma festa*, dá relevo à pompa e ao aspecto festivo que envolvia a passagem para o além

e os cortejos fúnebres no Império, sobretudo nos enterros afro-brasileiros. Algumas estampas de Debret, e, em particular, o *Enterro do filho de um rei negro* (pr. 16, vol. 3), ilustram o cortejo formado por músicos, fogueteiros, dançarinos, jogadores de "capoeira" que acompanham o morto até a igreja. No seu texto, Debret descreve com minúcia etnográfica a cerimônia funerária, concluindo seu comentário com uma observação crua: "terminada a cerimônia, os soldados da polícia dispersam a chibatadas os últimos grupos de vadios, para que tudo termine dentro das normas brasileiras". "Normas brasileiras" impostas pela chibata para situar cada qual em seu lugar.

Depois da publicação da *Viagem pitoresca*, Debret retomou a pintura neoclássica da época em que era discípulo de David.[2] No entanto, essa parte de sua obra — como o restante de sua pintura do período pré-brasileiro — não merece, segundo os críticos e historiadores da arte, nenhum destaque particular. No final das contas, o nome e a arte de Jean-Baptiste Debret sobreviveram graças à acuidade e às soluções pictóricas que ele utilizou para representar os impasses da sociedade brasileira nascente. Na medida em que alguns desses impasses permanecem até hoje, Debret merece ser considerado como um artista perfeitamente integrado ao destino do Brasil contemporâneo. Como um pintor brasileiro.[3]

Negociante de fumo em sua loja

O negociante representado na loja é um português muito gordo, sempre com o lenço no pescoço, pronto para enxugar o suor que o inunda, e servindo com a mesma indolência o galé e o rentista. O negro apoiado no balcão, primeiro da fila, é o encarregado de negócios dos outros e responsável pela contabilidade da missão. Cada uma das latinhas de folha de flandres (tabaqueiras comuns) representa uma encomenda que lhe foi feita.

O segundo galé é obrigado, pelo tamanho da corrente, a ficar em pé e ocioso, ao passo que o resto de seus companheiros, comodamente sentados em seus barris, enquanto conversam, oferecem aos passantes trabalhos feitos com chifre de boi, fruto de suas habilidades, e cujo lucro passa em grande parte para o negociante de fumo: imperiosa necessidade, que para os menos jeitosos serve de desculpa para pedirem uns vinténs aos passantes, a título de esmola. O guarda, durante esse momento de descanso, conversa com uma negra (vendedora de legumes) que carrega seu bebê à moda africana. Ao fundo, outra fila de acorrentados em marcha traz uma provisão de água.

Empregam-se esses galés, duas vezes ao dia, para abastecer de água as fortalezas e as oficinas do governo. Funcionários públicos que merecem as honras de uma escolta usam da prerrogativa de, ao chegarem, tomar conta das bicas das fontes, sempre abarrotadas de negros desocupados, que são empurrados por eles. Assim, o momento de triunfo dessa canalha acorrentada é logo anunciado pelos clamores dos descontentes que a cercam.

O soldado da polícia que os conduz tem sempre uma vara, da qual se serve para acelerar a marcha, ou afastar, no trajeto, os amigos demasiado loquazes.

Jean-Baptiste Debret

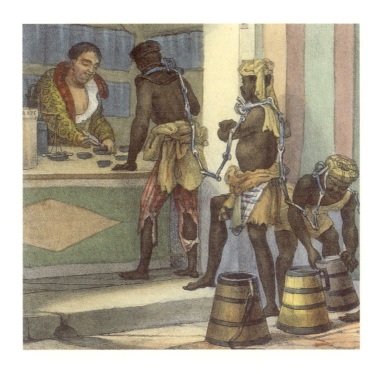

Serge Gruzinski

AS NOVAS IMAGENS DA AMÉRICA

QUEM é Jean-Baptiste Debret? Que olhar dirige ele ao Brasil? Por que esse gosto, esse interesse por uma região a mil léguas da França revolucionária e napoleônica? Podemos tratar dessas questões a partir do Brasil ou a partir da Europa. Gostaríamos de fazê-lo de um ponto de vista americano. Desde os anos 1820, por vezes um pouco mais cedo no século XIX, viajantes e artistas, cada vez mais numerosos, começam a pisar o solo do continente americano. Muitos dirigem-se às antigas colônias da Espanha e de Portugal. De volta à Europa, os visitantes traziam de suas viagens e de suas temporadas esboços, aquarelas e pinturas que foram enriquecer as coleções dos grandes museus e que, frequentemente, receberam as honras da litografia. Seria longo demais fazer a lista desses homens, por vezes dessas mulheres, e de seus trabalhos, mas evocá-los permite compreender o itinerário de Jean-Baptiste Debret.

Artistas na América

Embora o diplomata francês Léonce Angrand desenhe (de 1820 a 1840) os monumentos da cidade de Lima, ao mesmo tempo que Debret fixa a imagem do Rio de Janeiro, não é o grande país andino que rivaliza com o Brasil no imaginário dos artistas europeus. Tampouco a Argentina e seus *gauchos* desenhados por Raymond Quinsac Monvoisin. Junto com o Brasil, foi o México que se impôs como a destinação privilegiada dos pintores e aquarelistas europeus.

Panorama do interior da baía de Guanabara

O primeiro pintor estrangeiro que visita o México é um francês, Octave d'Alvimar. Também foi o primeiro a pintar a cidade depois da Independência (1821) e a nos deixar a imagem da *plaza Mayor* da capital, que se tornara o palco das manifestações nacionais. Desembarcam no México italianos como Claudio Linati (em 1825), que introduziu a litografia na jovem república,[1] anglo-saxões como Henry George Ward (em 1823-27), cuja esposa Elisabeth era excelente desenhista. Sem falar de um artista oriundo de Praga, Johann-Friedrich von Waldeck (em 1825-36), tão próximo de Debret em tantos aspectos.

Discípulo de David e admirador de Bonaparte, Waldeck participara da campanha do Egito em 1799. Como Jean-Baptiste, quando chegou ao México ensinou desenho e pintura aos jovens da boa sociedade. Mas ele chegara ao México na qualidade de engenheiro. O país acabava de se livrar dos Bourbon e enfrentava anos conturbados. Em 1825, a situação artística era muito diferente daquela do Brasil de Debret: o México contava, desde o século XVIII, com uma Academia de Belas-Artes e, desde o Renascimento, com escolas de pintores. Para as novas autoridades, não havia por que convidar uma missão artística europeia. Em compensação, a independência criou uma relação nova com a Europa, abrindo amplamente o país aos estrangeiros — estrangeiros fascinados pela jovem república e pela América que ela encarna. Escutemos Waldeck: "Já é tempo de a atenção da Europa virar-se para um mundo provavelmente tão rico em tesouros científicos como em recordações atraentes. A América ainda é muito pouco conhecida".

O México inspirou grandes álbuns de litografias parecidos com a *Viagem pitoresca ao Brasil* de Debret. Aquele que Waldeck dedicou às ruínas de Palenque e publicou em Paris muito contribuiu para tornar a arte maia conhecida na Europa. O italiano Linati editou em Bruxelas, em 1828, um álbum sobre os trajes civis, militares e religiosos do México. Dessas obras, uma das mais famosas e mais difundidas continua a ser a de Carl Christian Sartorius, *Mexiko Landschaftsbilder und Skizzen aus dem Volksleben*. Ilustrado com gravuras de Johann Moritz Rugendas, o livro foi publicado em alemão em Darmstadt, em 1855, e no mesmo ano saiu em inglês, em Londres e Nova York.

Alemães, ingleses, franceses, austríacos e até alguns italianos instalaram-se, pois, ali onde estava surgindo a América Latina. Percorreram caminhos, contemplaram paisagens, observaram a natureza e os homens, e criaram estampas que popularizaram essas terras por muito tempo subjugadas à Espanha e a Portugal. No prefácio que escreve para *Mexiko Landschaftsbilder und Skizzen aus dem Volksleben*, Sartorius resume a filosofia que guia a maior parte desses trabalhos, sejam quais forem o autor ou o país em questão: "O amável leitor não deve esperar páginas que acompanham um livro de viagens detalhando os acontecimentos do dia a dia, nem um tratado de geografia, de etnologia ou de estatística; nem sequer uma exposição sistemática da história natural do México. Em contrapartida, ele encontrará vistas do país: às vezes será apenas um simples esboço feito a certa distância, mas às vezes também um quadro mais completo, executado de mais perto, com vegetação e cipós trepadores; esboços feitos na vida cotidiana, no palácio, nas cabanas, na savana que se perde ao longe ou no mais profundo da mina".[1]

Essas obras são ainda mais preciosas porque constituem, até hoje, fonte insubstituível de informações sobre a sociedade e a vida cotidiana nos países da América Latina. Não apenas forjaram uma imagem da América, destinada ao público europeu da primeira metade do século XIX, como permanecem para nós um dos melhores meios de que dispomos para conhecer essas populações ou estudar seus ambientes natural e humano. E, às vezes, para com-

171

*Panorama da baía do Rio de Janeiro
visto do chamado morro do Corcovado*

pará-las: os artistas que percorreram vários países latino-americanos oferecem-nos a possibilidade de confrontar seus povos e suas histórias. É o caso de Johann Moritz Rugendas, cujas pinturas e aquarelas Sartorius utilizou para ilustrar sua obra.

Jean-Baptiste Debret, por sua vez, contentou-se em mostrar o Brasil, o que já é considerável, mas seu testemunho inscreve-se na tradição que acabamos de lembrar. Ele pertence a essa vaga de artistas de origem europeia que nunca formaram uma escola mas cuja influência, multiplicada pela reprodução litográfica, formou o olhar que a Europa Ocidental lançou para a América Latina antes da era da fotografia. Foi no século XIX, com a abertura dos países da América espanhola e do Brasil, que os europeus adquiriram o hábito de fazer a viagem à América, assim como desde o século XVI faziam a viagem à Itália. Isso não significa que esses artistas tenham abandonado a península de Rafael e Michelangelo: em 1807, Jean-Baptiste Debret fora à Itália, de onde trouxe seus *Trajes italianos*, gravados em 1809.[1] Seu colega e amigo Johann Moritz Rugendas fez a mesma viagem em 1828, ao retornar do Brasil. Nove anos antes, também depois da viagem ao Brasil, o aquarelista austríaco Thomas Ender teve ocasião de visitar Roma, Nápoles e Florença.[2]

O Novo Mundo, terra de exílio e de refúgio

Antes do olhar, existem a partida e a viagem. É frequente que eles partam muito jovens para o Novo Mundo. Outro cidadão francês, Hercule Florence, nascido em Nice em 1804, chega ao Brasil em 1824. Tem vinte anos. É com a mesma idade, ou quase, que Johann Moritz Rugendas embarca para esse país, sem muita experiência profissional e, desnecessário dizer, sem nenhum conhecimento do Brasil. Tal qual Hercule Florence, participou da expedição do barão Georg-Heinrich von Langsdorff. Quanto a Thomas Ender, que integrou uma expedição científica austríaca, ele descobre o Brasil com apenas 23 anos. É fácil perceber tudo o que separa Debret de seus jovens colegas. É um homem de 47 anos, pintor consagrado, que desembarca no Rio de Janeiro em 1816. No entanto, tal qual os outros, optou por colocar um oceano entre a Europa e sua própria pessoa.

Por que partir para o Novo Mundo? Debret deparou com essa indagação, assim como, antes dele, Alexandre von Humboldt,[3] e assim como vão deparar Rugendas e tantos outros que abandonaram a Europa para se lançar nas pistas da América.

Para alguns, os motivos são obviamente intelectuais: as curiosidades científicas de Alexandre von Humboldt e de seu desenhista Aimé Bonpland explicam o itinerário dos dois homens e a natureza da obra que trouxeram da América. Para outros, as circunstâncias políticas foram decisivas. A partida de Debret inscreve-se nesse primeiro período do século XIX, que se recupera lentamente dos abalos da era revolucionária e imperial. O italiano Claudio Linati (1790-1832), a quem devemos uma série surpreendente de litografias sobre o México, muito semelhantes às de Debret, era um revolucionário e membro da Sociedade dos Carbonários de Parma. Os transtornos políticos que agitam a França em 1815, a queda do Império e o exílio dos artistas — David refugia-se em Bruxelas — fornecem-nos uma das chaves para a partida de Debret. Os artistas da Revolução e do Império nem sempre tinham lugar na França reacionária dos Bourbon. Perdiam posição e protetores, e, ao mesmo tempo, clientes e rendimentos. Balzac pintou magnificamente essas gerações brutalmente confrontadas com a volta do Antigo Regime. O drama do coronel Chabert joga uma luz crua nessas carreiras destruídas e nesses naufrágios humanos que muitos tentaram conjurar emigrando para outras latitudes. O destino de Debret, porém, poderia ter sido a Rússia, como por pouco não foi o de Rugendas, que sonhara em acompanhar Alexandre von Humboldt até as estepes da Ásia. A preparação de uma missão artística com destino ao Brasil, que parecia abrir atraentes perspectivas profissionais, decidiu de outra forma. Jean-Baptiste Debret cruzou o oceano.

A partida de Debret para a América inscreve-se também na velha tradição de emigração e de exílio. Se no século XIX o Novo Mundo permitia escapar de um continente que recaíra no Antigo Regime e na reação, foi desde o Renascimento que os banidos da Europa procuraram e encontraram uma terra de asilo do outro lado do Atlântico: os cristãos-novos que, no século XVI, seguiram Carvajal para o norte do México, os puritanos que, no século seguinte, fundaram a Nova Inglaterra estão longe de ser casos isolados. Desde o século XVI, artistas enfrentaram o mar oceano. Pintores, escultores, gráficos espanhóis, italianos, flamengos ou franceses desembarcaram na América para se pôr ao abrigo de uma Europa conturbada por guerras e conflitos religiosos.

Transporte de telhas

Estrangeiros em solo americano

Mas outras razões podem ter incitado Debret a escolher o Brasil? Afinal de contas, nesse século XIX nascente vários artistas cruzavam o Atlântico mesmo se não precisavam fugir do retorno do Antigo Regime. Foi o caso de Rugendas, o pintor do Brasil, do México e de inúmeros países da América do Sul, o qual iria cruzar os caminhos de Debret em solo brasileiro. Ou de Thomas Ender, que acompanhou uma missão austríaca, radiante por ter sido escolhido por seu protetor, o príncipe de Metternich.[1]

A atração que a América exerce nos intelectuais e nos artistas não

data, pois, do século XIX. É fenômeno mais antigo. Os mitos do Novo Mundo, suas riquezas fabulosas e suas populações sempre fascinaram os habitantes da Europa Ocidental. Desde o século XVI, o Brasil atrai não apenas os portugueses. Europeus curiosos de conhecer as terras novas vão parar em seus litorais: pense-se em Hans Staden, esse soldado alemão que fora à terra brasileira em busca de fortuna e aventuras, ou ainda no francês Jean de Léry, autor, como o precedente, de um texto de enorme riqueza sobre o Brasil do Renascimento.

A América é uma fonte de exotismo. Está presente em todos os gabinetes de curiosidades. Sua fauna, sua flora, seus índios continuaram a intrigar os europeus da Europa barroca. No entanto, os viajantes estrangeiros que a percorreram foram, durante muito tempo, uma exceção, e foi preciso esperar as expedições científicas da época do Iluminismo, e, mais especialmente, a do barão Alexandre von Humboldt, no limiar do século XIX, para que o Novo Mundo se abrisse em todas as suas dimensões à curiosidade dos europeus.

O sábio alemão deixou de ir ao Brasil por não dispor das autorizações necessárias, mas teve toda a liberdade para explorar grande parte da América do Sul e do México. Sua expedição é fundadora: pela amplidão das pesquisas que o barão von Humboldt realizou, pela extensão de seus interesses, e, acima de tudo, pela notável divulgação de seus resultados na Europa, na época. Sua obra monumental, *Vistas das cordilheiras* (1810), excitou as imaginações. Foi a partir dessa data que a América se tornou algo bem diferente de um imaginário agradável ou de um devaneio exótico: uma destinação possível para inúmeros europeus, cientistas, escritores e artistas em busca de perspectivas novas, de emoções inéditas e de paisagens desconhecidas. E não só a América ibérica: basta lembrar a viagem que o jovem Chateaubriand fez aos Estados Unidos. Depois da

Independência arrancada da Espanha, cresceu mais ainda o interesse por essas novas nações, e as antigas possessões de Madri receberam cada vez mais estrangeiros. Enquanto isso, a chegada da família real portuguesa e, depois, a instauração do império puseram o Brasil no mesmo diapasão dos outros países da América Latina. O inglês John Mawe, autor de *Travels in the interior of Brazil* (Londres, 1812), foi um dos primeiros a aproveitar essa abertura do reino brasileiro.

Assim sendo, é difícil imaginar que Debret tenha conseguido escapar totalmente ao gosto pelo exotismo e à curiosidade de seus contemporâneos pela América, ainda que isso só tenha exercido um papel secundário em sua ida para o Brasil. O país que ele descobria deve ter logo lhe despertado um interesse que ultrapassava suas atribuições de artista oficial, e deve tê-lo ajudado a esquecer as intrigas da comunidade francesa ou dos rivais lisboetas. Como muitos de seus pares, ele adotou o perfil do artista viajante, conforme demonstra sua expedição ao Rio Grande do Sul. Não por acaso, duas de suas obras figuram no álbum *Viagem pitoresca através do Brasil* que Rugendas publica em Paris em 1835.

Na verdade, Debret pertence a essa categoria de pintores acadêmicos cativados pela América e que descobrem um interesse súbito pela sociedade que os cerca. Não podemos deixar de aproximar Debret de dois pintores estrangeiros instalados no México, o italiano Eugenio Landesio e o catalão Pelegrín Clavé. Clavé dirigiu a Academia Mexicana e Landesio ali ensinou. Esse artista italiano cruzara o Atlântico para dar aulas de cultura e arte europeia. Chegou até a publicar no México obras eruditas destinadas à formação de pintores e desenhistas. Mais perto ainda de Debret, o francês Edouard Pingret fora, primeiro, o pintor de uma viagem real — a de Luís Filipe à Inglaterra —, antes de exercer seus talentos no México. Graças a essa experiência inglesa e a uma incursão à África

do Norte ele deu um impulso decisivo à pintura de gênero, isto é, ao *costumbrismo* mexicano.[1]

Jean-Baptiste Debret não é, pois, o único a ter seguido uma carreira que o levou da pintura oficial e acadêmica europeia à reprodução da realidade americana. Produza-se no Brasil ou no México, a experiência do Novo Mundo pulveriza os academicismos mais resistentes, ao mesmo tempo que tira partido da formação técnica e estilística da velha Europa.

O olhar europeu

As imagens que os artistas europeus fizeram da América no século XIX são a expressão de um olhar ocidental e de um modo de fazer que aplica os estilos e as técnicas do velho continente. Acrescentemos que elas se dirigiam essencialmente aos públicos dessa parte do mundo. Tratava-se de mostrar-lhes realidades longínquas, desconhecidas, jamais reveladas, de um enfoque capaz de prender o olhar, divertir o espírito e seduzir o comprador. Mas tratava-se também de uma operação comercial: era preciso vender obras de execução dispendiosa.

Em princípio, as pinturas e pranchas juntam o que é atraente para o leitor e a preocupação de mostrar-lhe, com a maior fidelidade do mundo, paisagens, pessoas e coisas da América. Mas seria pecar por anacronismo, e confundir os gêneros, atribuir a elas um intuito etnográfico qualquer, no sentido de que seus autores tivessem tentado reproduzir da maneira mais objetiva, mais "científica possível" o que tinham diante dos olhos. Nessa primeira metade do século XIX, ainda não existiam o etnógrafo e o etnólogo, tampouco as regras, os princípios e os métodos que, progressivamente, transformaram suas disciplinas numa das áreas mais fecundas das ciências humanas.

Pode-se então dizer que essas imagens são cromos inocentes, ingênuos em extremo e muito sensíveis ao folclore? E, antes de mais nada, o que encobre o título dessas obras: *Brasil pitoresco, Viagem pitoresca ao Brasil, Viagem pitoresca e arqueológica à província de Yucatán*?[1] Talvez o termo *pitoresco* traga o risco de nos desencaminhar. Littré explica que o adjetivo *pitoresco* designa "tudo o que se presta a fazer uma pintura bem caracterizada, e que impressiona e encanta ao mesmo tempo os olhos e o espírito". Acrescenta que se trata também de um termo de livreiros: "Diz-se de certas publicações ornamentadas de gravuras, e sobretudo de gravuras em madeira impressas no texto: *Le Magasin pittoresque. La France pittoresque...*". Evitemos atribuir ao título *Brasil pitoresco* o que ele não dizia.

Nem ingênuas, nem neutras, essas imagens exprimem tanto o olhar forçosamente seletivo do pintor como a sociedade que elas põem em cena. Quem se surpreenderia? E, ainda assim, sempre obedecem à preocupação de pintar o mundo americano com um máximo de exatidão. O caso de Rugendas é bastante significativo. Em 1827, a publicação de sua *Viagem pitoresca* atraíra a atenção do barão von Humboldt sobre as qualidades de observador desse jovem artista muito promissor. As relações que então se estabeleceram entre o pintor e o grande sábio revelam que a preocupação científica não era alheia a muitos desses criadores.

Tais imagens tampouco são inocentes. De um lado, porque respondem a objetivos diretamente mercantis. De outro, porque também refletem os modos de ver de seus autores, isto é, seus gostos, seus estereótipos, seus preconceitos de europeus, até mesmo suas obsessões. A fatura artística, as ideias do artista e o objetivo comercial aqui aparecem, é evidente, inextricavelmente mesclados. É por isso que todas essas imagens são cuidadosamente construídas.

Teatralizações e cenas de gênero

A arte de Debret, como a de todos os seus contemporâneos, é uma arte da teatralização. Lembremos que ela intervinha na apresentação das óperas encenadas no Rio de Janeiro. A rua, os interiores ricos ou modestos, os campos são os cenários prediletos habitados pelos personagens de Debret. Às vezes as figuras sobressaem em um fundo neutro, como para melhor realçar as características que o artista quer destacar. Processos análogos aparecem nas obras sobre o México ou a Argentina.

De álbum em álbum, os temas se repetem. Cenas de gênero que lembram momentos da vida cotidiana, revelando visões estereotipadas. Era o que, no México e na ex-América espanhola, chamava-se *costumbrismo*, isto é, a maneira característica do "pintor de costumbres", que se dedica a fixar a imagem de "tipos característicos de raças, povos e cavalos".[2] As representações de mercados são inúmeras: as do alemão Rugendas, as do francês Pingret. Os carregadores de água são uma legião. Lembremos aqueles que o jovem Rugendas pinta, quando descobre as cidades do Brasil que lhe inspiram desenhos intitulados *Carregadores de água* (atualmente, no Museu Histórico Nacional do Rio de Janeiro) e *Aguadeiros*. Os carregadores de água mexicanos do italiano Claudio Linati fazem eco aos de Lukas Vischer, de Philippe Ronde, de Edouard Pingret e de inúmeros outros artistas e aquarelistas que permaneceram anônimos. O sujeito destaca-se sozinho sobre um fundo neutro, ou cercado de outros personagens, como na aquarela de Claudio Linati, em que se observam vendedores de pãezinhos, e negociantes de cócoras espiando o freguês atrás de montículos de frutas e cachos de bananas verdes.

Vez por outra, a imagem é mais sofisticada: dá lugar a uma composição muito estudada em que cada pormenor tem sua impor-

Loja de padeiro

tância. Vejamos o *Mecapalero* de Waldeck: um canto de rua, construções de estilo colonial e dois carregadores indígenas — um no primeiro plano, de pé, levando na mão a corda que lhe serve para transportar os fardos; o outro, no segundo plano, esmagado por uma trouxa marcada com as iniciais CM & Co.

Por toda parte as cenas religiosas despertam grande curiosidade. Os artistas seguiam o caminho aberto por Alexandre von Humboldt, que considerava as festas cristãs, os fogos de artifício, as danças e as procissões que as acompanhavam uma fonte inesgotável de diversões para o povo indígena. O cientista alemão estava convencido de que era no meio dessas festas que se manifestava o caráter nacional.[1] Daniel Thomas Egerton pintou as cerimônias da Semana Santa na cidade do México, detalhando os diversos *pasos*, fazendo desfilarem os soldados, os músicos e os anjos carregando os instrumentos da Paixão, atrás de um Pilatos a cavalo... O artista romântico é atento à religiosidade popular e indígena: nem pensar em reproduzir o interior de uma pobre choupana sem uma infinidade de estátuas pias, uma Virgem de Guadalupe, um Jesus Cristo e todo tipo de pequenas estampas religiosas representando os santos locais. Da mesma forma, Rugendas dá uma visão colorida e pitoresca, no sentido usual no século XIX, da procissão da Virgem do Rosário, na Cidade do México.

A observação direta

A encenação, a montagem, a estereotipia são acompanhadas de uma incontestável acuidade do olhar. Mas a confecção de álbuns publicados na Europa exigia certos compromissos com o gosto do público, incentivando a imaginação e suprindo as lacunas da experiência. Isso implicava o emprego de uma técnica, a litografia, que modificava o frescor do primeiro jato, quando não o diluía num academicismo que se prestava a tudo.

Apesar disso, nunca se deve perder de vista que as imagens da América são, primeiramente, executadas a partir da observação *in situ*. A presença direta do artista é comprovada pelos meios empregados: estes são leves, facilmente transportáveis de um lugar a outro, facilitam uma execução rápida, ao vivo e instantânea, já quase dotada das qualidades que, dezenas de anos mais tarde, a técnica fotográfica proporcionará.

O que é novo nessa atenção? A observação direta é uma revolução do olhar ocidental dirigido à América. Por muito tempo a tradição europeia contentou-se com ilustrações imaginadas com base nos textos dos cronistas. Com raras exceções, que datam do século XVI: os desenhos em cores que acompanham a obra do cronista espanhol Fernández de Oviedo;[2] os desenhos realizados por Christoph Weiditz, quando teve o privilégio de observar os índios do México na corte de Toledo, em 1528; ou ainda os esboços de Hans Staden. A tradição maneirista e, depois, a tradição barroca preferiram explorar um jogo de convenções que não tinham muito a ver com o original mas satisfaziam o imaginário ocidental. Os índios musculosos de

De Bry estão mais próximos das figuras esculturais de Michelangelo e dos gravadores da Itália maneirista que dos habitantes do Novo Mundo. As séries de encenações alegóricas que representam a América expressam essa mesma veia.

Os trabalhos que os pintores holandeses do século XVII dedicaram ao Brasil introduzem outra exceção na visão convencional em voga na época. Pelo menos aparentemente. Frans Post (de 1636 a 1640) ou Albert Eckhout tiveram toda a liberdade para examinar *in loco* as paisagens, plantas e criaturas que iriam povoar seus quadros. Surge então um conjunto de representações de tipos humanos e de práticas indígenas de um "realismo" surpreendente. Mais especialmente graças a Eckhout, as danças dos índios adquiriram uma presença visual e uma qualidade estética cujo equivalente é difícil encontrar no resto do continente americano. Graças a Post, nasceu a "paisagem americana" na pintura europeia:[1] índios, mestiços e negros do Brasil do século XVII tiveram, pois, seus pintores titulares, privilégio que os outros habitantes do Novo Mundo podem, quando nada, invejar.

Na verdade, esse realismo não passa igualmente de uma agradável ilusão. Sabe-se hoje que as pinturas holandesas são montagens astuciosas que comprovam a imensa liberdade com que se observava a realidade.[2]

É o caso também, no século XVIII, das pinturas de *castas* que se multiplicaram na América espanhola. Esses quadros oferecem a primeira visão de conjunto das populações coloniais. Os pintores representam não somente os índios e os negros, mas os mestiços, os espanhóis e todos os cruzamentos imagináveis entre os diferentes grupos que compunham as sociedades do México e da América do Sul. Em geral, os personagens são pintados em seu ambiente cotidiano, com as roupas, os atributos e os objetos que caracterizam seu meio social. Se essa pintura continua a ser uma mina excepcional de conhecimentos sobre a sociedade colonial do mundo hispânico, é, de novo, uma forma extremamente convencional de representação. Por via de regra, os casais são representados num quadro harmonioso, dando quase sempre uma impressão de conforto e às vezes até de opulência, em contradição com o que conhecemos dessas sociedades.

Mas o fato é que, por seu aspecto serial e sua preocupação com o pormenor cotidiano, os quadros de *castas* são, a seu modo, os precursores das vistas pitorescas que se espalharão pela Europa do século XIX — contanto que se faça uma ligação entre essas escolas artísticas características da América espanhola e as práticas introduzidas, no final do século XVIII, pelos empreendimentos científicos que o despotismo esclarecido lançou nas duas Américas.

Tais expedições estavam encarregadas de recolher todo tipo de informação sobre as possessões da Coroa da Espanha e da Coroa de Portugal. Foi graças a essas iniciativas, aos cientistas que as dirigiam, aos desenhistas que as acompanhavam,[1] que teve início o estudo sistemático das realidades americanas, em todas as suas facetas. Ao olhar dos pintores de *castas* sucede-se então o olhar infinitamente mais distanciado do Iluminismo. A obra que o naturalista baiano Alexandre Rodrigues Ferreira dedicou à Amazônia (1783-92) é exemplar dessa abordagem, que com frequência nada fica a dever à melhor etnografia.[2]

Assim, as imagens das *castas* não são os ancestrais diretos das realizações de artistas que desembarcam no início do século xix. Seria abusivo querer estabelecer uma genealogia entre as duas etapas. Como sempre, a história é feita muito mais de rupturas, saltos e bifurcações. Os quadros das *castas* são uma especialidade hispânica que pouco circulou no resto da Europa e que nunca alcançou a notoriedade de um gênero na pintura europeia. Quanto ao olhar dos cientistas, ele apenas prepara o dos artistas europeus, assim como o Iluminismo anuncia o Romantismo. Em outras palavras: mediante, aí também, certas rupturas que foram quase revoluções...

As novas sociedades americanas

O que se transforma no olhar europeu durante o século xix? Podemos nos contentar em evocar a multiplicação do olhar pela chegada cada vez mais numerosa de artistas e viajantes estrangeiros? Ou pela instauração de uma relação direta, propriamente física, com as realidades humanas e naturais do outro lado do Atlântico?

Provavelmente, não é isso o essencial. Os artistas europeus adqui-

riram uma sensibilidade nova para as coisas do povo. A Revolução Francesa, é claro, tem muito a ver com isso. Mas tanto quanto o Romantismo. É o filósofo Herder que, na época napoleônica, difunde o gosto pela observação do passado e das tradições dos povos. O olhar maneirista, e depois clássico e neoclássico, contentara-se por muito tempo em idealizar o corpo dos ameríndios, transformando-os em atletas greco-romanos. O gosto romântico e a irrupção das massas populares na cena histórica, a partir de 1789, tornava os viajantes europeus mais receptivos aos indivíduos, aos homens e às mulheres que eles descobriam na América. Debret, por exemplo, não hesita em prestar homenagem a um velho dentista mulato da rua da Cadeia,[3] ou ao cabeleireiro negro do Teatro Imperial, tão hábil em fabricar e em colocar todos os tipos de perucas.[4]

Mas nem tudo se decidiu apenas na Europa. O movimento de independência das nações hispano-americanas foi um acontecimento tão importante como a revolta dos futuros Estados Unidos contra a Inglaterra. Na América hispânica, o processo de emancipação exigiu a transformação do olhar: o nacionalismo embrionário despertava um interesse pelos povos novos, que mal acabavam de se libertar da dupla opressão do Antigo Regime e do colonialismo espanhol. Daí um olhar que ia se acostumando a abarcar os povos independentes em toda a sua diversidade, dos índios aos brancos, dos mestiços aos mulatos e aos descendentes dos escravos africanos.

Por outros caminhos, na mesma época, o Brasil iria romper seus laços políticos com Lisboa. O resultado foi idêntico, ou quase: o povo brasileiro, como antes dele o povo mexicano e o povo peruano, fazia sua primeira aparição no cenário mundial.

Esse duplo movimento, nascido das transformações na Europa e na América, não só explica a atenção dada às manifestações das culturas nacionais e populares, mas dá conta da sensibilidade às for-

mas de servidão e repressão, que abundam na obra de Debret. A representação torna-se, então, denúncia. É o caso de várias pranchas que Rugendas dedica à escravidão no Brasil, em sua *Viagem pitoresca*. Tal qual a folha dedicada ao tema do "navio negreiro", tema em voga numa Europa preocupada com a questão da escravidão dos negros, que se tornou um dos alvos prediletos da Inglaterra capitalista e industrial. Façamos porém a reserva, que jamais se deve perder de vista, de que a representação da escravidão é tanto uma fonte de voyeurismo como um tema na moda.

Obra de arte, folheto turístico ou documento histórico?

Não é fácil responder. Em praticamente todos os casos, é indicutível a preocupação do detalhe, do objeto típico, da representação fiel. O autor permanece consciente dos limites de sua iniciativa: "Não sou um especialista dos sistemas sociais e portanto só registrei o que me impressionou",[1] nota C. Sartorius a respeito de sua obra sobre o México. Aliás, ele não se acanha de criticar os preconceitos e denunciar as inexatidões que abundam nas publicações europeias.[2]

Assim, o rigor científico não está ausente desses trabalhos. O itinerário de Johann Moritz Rugendas, do Brasil (1822-25) ao México (1831-34), e em seguida dos países andinos ao Brasil novamente (1846-47), evidencia que a influência dos cientistas — a de Langsdorff, Martius ou Humboldt — sobre o artista pode ser decisiva, despertando então um aprofundamento gradual da iniciativa *costumbrista*. O Rugendas da primeira época improvisa e inventa: uma especialista em iconografia dos índios do Brasil chegou inclusive a demonstrar que as cenas "etnográficas" que ele nos deixou não têm nenhum interesse documental.[3] Para produzir suas

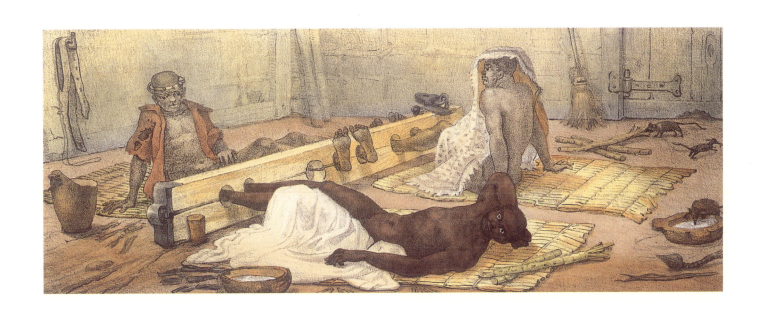

litografias, como vários predecessores seus, o artista criou certos efeitos misturando elementos de primeira e de segunda mãos. Post e Eckhout agiram da mesma forma. Mas já não será o caso dos trabalhos que o artista alemão fará mais tarde, a partir de 1835, no Chile e na Argentina. Em meados do século XIX, C. Sartorius ainda sente a necessidade de lembrar que baseou seu estudo sobre o México no testemunho, de fato imprescindível, do barão von Humboldt, "pois apesar das mudanças trazidas por estes últimos cinquenta anos do ponto de vista econômico e social, as bases que Humboldt expôs em sua obra permaneceram essencialmente as mesmas".[1]

Tais esforços, não necessariamente coroados de êxito, explicam que o artista evolua constantemente entre as preocupações e modas estéticas que evocamos e o cuidado de ser verdadeiro. As fronteiras são menos nítidas ainda na medida em que, nessa primeira fase do século XIX, o viajante costuma manifestar curiosidades que serão as da etnologia algum tempo depois. Por sinal, os anos 30 e 40 do século XIX marcam um momento crucial para o nascimento dessa disciplina. É em 1839 que a Sociedade Etnológica de Paris publica uma *Instruction générale aux voyageurs*, ensinando-lhes a coletar informações que, supostamente, têm um interesse científico. Quatro anos mais tarde, a Ethnological Society de Londres faz o mesmo. Viajantes e desenhistas que vão para a América participam assim, sem saber disso por sinal, da eclosão desse novo ramo do saber. Daí a riqueza, mas também a ambiguidade, de seus testemunhos, que se multiplicam no exato momento em que as comunidades científicas começam a se interrogar sobre as normas e os critérios que devem reger a observação dos povos exóticos e o estudo das práticas populares.

É nesse contexto de improvisações e experimentações que as convenções podem ser rompidas ou extrapoladas.[2] A do anonimato, por exemplo: em 1825, o conde Johann-Friedrich von Waldeck vai ao México depois de gravar os desenhos trazidos pela expedição Del Río-Almendariz do país maia em 1787. Ele desenha os índios maias, tomando o cuidado de indicar seus nomes e idades.[1] Mas essa atenção dada à individualidade do modelo não sufoca dentro dele os reflexos clássicos, em todos os sentidos da palavra. Quando Waldeck representa Nice-Nac, uma jovem índia lacandone, segue os cânones da escultura grega ou, mais exatamente, inspira-se em David ou em Ingres. O admirável observador que é Waldeck continua a ser um artista nostálgico da pureza primitiva, em busca de uma antiguidade perdida, de uma Arcádia a ser encontrada entre os índios da América. Paradoxo de um olhar que tenta conciliar a acuidade da observação com as regras da arte de seu tempo.

Vê-se que não é tão fácil contrapor o testemunho do artista romântico ou clássico do século XIX ao dos antropólogos e fotógrafos do século XX. Quantas imagens fotográficas ou filmadas dos índios da Amazônia ainda estão repletas de preconceitos, acima dos quais continua a pairar o sonho de uma utopia primitiva? Quantas imagens da população brasileira de hoje — a começar pelas de Sebastião Salgado — são marcadas por um miserabilismo mais suspeito ainda na medida em que se acompanha de um formidável sucesso midiático e comercial?

O olho de Debret

Jean-Baptiste Debret é um observador tão bom quanto seus contemporâneos. Como eles, sabe que precisa manter constantemente acesa a "curiosidade"[2] do leitor. Como eles, é guiado pela preocupação permanente de veracidade social: diferencia as diversas classes

da sociedade brasileira, desenha tanto o rico negociante como o proprietário de terras, faz croquis dos pobres e dos miseráveis. A qualidade das informações que dá sobre as técnicas e os modos de fabricação não deixa de lembrar a das pranchas da *Encyclopédie*. A atenção do artista não satisfaz apenas as exigências de uma sociologia histórica. Também se fixa em pontos que a história das mentalidades e a história cultural nos ensinaram, desde então, a valorizar: os cardápios, as maneiras à mesa, as horas das refeições, o lugar respectivo dos alimentos — a importância da mandioca, inevitável substituto do pão —, tudo nos é mostrado. O artista nos ensina a distinguir os produtos locais dos que vêm de Portugal — o azeite, as azeitonas pretas e rançosas... — ou do resto da Europa, tais como os queijos holandeses e ingleses. Sempre atento à mudança, Debret nota a expansão da gastronomia, que ele atribui à abertura dos primeiros restaurantes dignos do nome. Registra o aumento do consumo de pão, resultado do afluxo de estrangeiros, em especial de franceses, esses "comedores de pão".[1]

Debret informa-se sobre a posição da mulher nas diferentes classes da sociedade. Mas também sabe se interessar pelos ritmos da vida. Como deixar de falar da sesta no Brasil, das consequências do calor, da sensualidade desse mundo tropical e das liberdades de comportamento proporcionadas pelo clima do país?[2] Diversas anotações e imagens são sacrificadas ao exotismo do gênero, por que negar? Mas abordam assuntos que um século depois, na Europa, nem a história nem a antropologia ainda terão ousado explorar: condutas, maneiras de ser destiladas por uma sensibilidade exacerbada — "essa delicada saudade, quintessência da volúpia sentimental"[3] — e às quais se misturam os encantos da música, os acordes da sutil modinha. Detalhes aparentemente insignificantes mobilizam seu pincel: num dos cantos da prancha intitulada *Visita a uma fazenda*, ele desenha uma cadeira de estilo holandês. A lembrança histórica vem materializar a dominação momentânea que esse povo do Norte exerceu no território brasileiro.[4] Idêntica preocupação com o detalhe, dessa vez linguístico, ao registrar a palavra *gongá*, vocábulo carioca usado para designar um cesto.[5] São anotações finas que não seriam rejeitadas pelo extraordinário observador que foi o historiador brasileiro Sérgio Buarque de Holanda.

As observações inscrevem-se sempre na diacronia: Debret é sensível ao movimento do tempo e aos costumes que mudam, embora o parisiense que ele nunca deixou de ser assinale prioritariamente o avanço do bom gosto, a chegada das modas europeias e, sinal de uma nova época, o triunfo dos cabeleireiros franceses.[6]

Uma sensação constrangedora

Mas o Brasil de Debret não é o México de Rugendas e Sartorius. Volta e meia, as imagens do francês são mais perturbadoras que as de seus colegas, que nos mostram o México ou outros países da América do Sul. As vistas do México desenhadas por Rugendas e publicadas por Sartorius exibem diante de nossos olhos os trabalhos e os dias de uma sociedade sossegada, onde convivem mestiços, brancos e índios nas praças das cidades e nos campos de vegetação exuberante. Aqui, a beleza dos trajes das índias alegra a entrada de uma cabana, sem que nada venha quebrar a serenidade da visão tropical e campestre. Ali, as danças dos mestiços do Paseo de las Vigas, na Cidade do México, animam uma cena de festa, povoada de mexicanos de todas as condições, vestindo panos multicolores. Mesma impressão de relativo bem-estar e de dignidade na apresentação dos soldados e dos pobres. Quando os *bas-fonds* da capital mexicana são lembrados, servem mais para aproximar a Cidade do México de Nápoles e Sevilha do que para relegar a cidade a um universo de miséria distante e de abjeção.[1] Quanto aos *pelados* — os proletários —, de fato constituem uma classe perigosa e miserável, mas não somente há brancos entre eles, como a pobreza e a ociosidade do grupo nos são apresentadas como um modo de vida deliberadamente escolhido.

Essas vistas do México são amplamente idealizadas. Estão longe de ser isentas de preconceitos racistas — Sartorius julga os índios incapazes "de alcançar o nível de desenvolvimento intelectual da raça caucasiana" —,[2] mas o autor reconhece que os cidadãos do México são, em princípio, todos livres, mesmo os negros.[3]

A onipresença dos escravos africanos no Brasil de Jean-Baptiste Debret faz uma grande diferença. A existência dessa mão de obra servil não podia escapar ao pincel e à pena do artista. Assim como tampouco escapou a Thomas Ender ou aos desenhistas da expedição de Spix e Martius. Debret esforça-se para reproduzir as diferentes categorias de escravos, a diversidade dos tipos físicos, das roupas, dos cortes de cabelo e dos chapéus. As festas, os feriados nacionais, ou as cerimônias fúnebres que ele fixa no papel revelam que os mundos africanos conservam, contra tudo e contra todos, suas tradições e hierarquias.

Mas seu creiom detém-se também na exploração das crianças negras, objeto de especulação por parte de seus donos e inventariadas como qualquer bem imóvel.[4] Tratadas tal qual bichos de estimação, as mais jovens — "essas pobres crianças" — eram destinadas a distrair as damas, antes de irem se juntar a seus semelhantes nas tarefas mais sórdidas.[5] No correr das páginas, o leitor europeu descobrirá esse "zoológico" que é o mercado de escravos da rua do Valongo, os corpos esqueléticos, a alimentação frugal, "o triste jantar do escravo",[6] o destino dos vendedores de água, vítimas de fregueses que querem tapeá-los ou não pagá-los, o universo sádico dos castigos aplicados sem trégua a esse gado humano. Detalhes de um realismo cruel vêm ensombrecer as cenas aparentemente mais pacíficas ou mais mundanas. A exemplo das máscaras de zinco destinadas a impedir os escravos de se suicidar engolindo terra: essas pequenas gaiolas de metal que desfiguram o rosto revelam a extensão de uma desgraça sem limites cuja única saída é a morte. Debret não fica indiferente diante de tanta miséria. "Esse heroico desespero" visivelmente o comove, do mesmo modo que iria comover seus leitores, satisfazendo-lhes o voyeurismo.[1] Mas, no fundo, Debret não pode deixar de apoiar os preconceitos divididos por inúmeros europeus. Para o pintor dos soberanos do Brasil, a terra que o acolhera era o país do Novo Mundo que melhor tratava seus escravos.[2]

NOTAS

Página 108
1. Ano em que Portugal aderiu à então Comunidade Europeia, atual União Europeia. (N. T.)

Página 138
1. A. M. MAUAD, "Imagem e autoimagem do Segundo Reinado", em L. F. de ALENCASTRO (org.), *História da vida privada no Brasil — Império: a corte e a modernidade nacional*, pp. 181-231.
2. R. NAVES, "Debret, o neoclassicismo e a escravidão", em *A forma difícil*.

Página 140
1. Uma das seções da exposição *Jean-Baptiste Debret, Un Français à la Cour du Brésil*, organizada pelos Museus Castro Maya, do Rio de Janeiro, e apresentada no ano de 2000 em Friburgo, Lisboa e Paris, menciona o olhar do "viajante" Debret sobre o "exotismo" tropical.
2. X.-Ph. GUIOCHON, "La Mission Artistique de 1816 et le Brésil de Jean-Baptiste Debret (1816-1831)", p. 63.

Página 143
1. Introdução, p. 24.

Página 144
1. Sobre o papel das câmaras municipais durante o período, cf. I. L. CARVALHO SOUZA, *Pátria coroada*, pp. 107-205.

Página 150
1. R. NAVES, "Debret, o neoclassicismo e a escravidão", em *A forma difícil*; F. Th. HARTMANN, *A contribuição da iconografia para o conhecimento de índios brasileiros do século XIX*.

Página 154
1. J. LUCCOCK, *Notes on Rio de Janeiro and the Southern parts of Brazil taken during a residence of ten years in that country from 1808 to 1818*, trad. brasileira: *Notas sobre o Rio de Janeiro e partes meridionais do Brasil, 1808-1818*, pp. 162-7.

Página 156

1. S. B. SCHWARTZ, "Patterns of slaveholding in the Americas: new evidence from Brazil", *American Historical Review*, vol. 87, 1982, pp. 55-86.

2. L. F. de ALENCASTRO, "Prolétaires et esclaves: immigrés portugais et captifs africains à Rio de Janeiro 1850-1872", *Cahiers du C.R.I.A.R., Publications de l'Université de Rouen*, nº 4, 1984, pp. 119-56, trad. publicada em *Novos Estudos Cebrap*, nº 21, jun. 1988, pp. 30-56.

3. M. C. KARASCH, *Slave life in Rio de Janeiro 1808-1850*, pp. 106-13, trad. brasileira: *A vida dos escravos no Rio de Janeiro (1808-1850)*.

Página 158

1. X.-Ph. GUIOCHON, "La Mission Artistique de 1816 et le Brésil de Jean-Baptiste Debret (1816-1831)", pp. 305-8.

Página 162

1. "Parecer sobre o primeiro e segundo volume da obra intitulada *Voyage pittoresque et historique au Brésil*", *Jornal do Instituto Histórico e Geográfico Brasileiro*, Rio de Janeiro, t. III, nº 9, 1841, pp. 98-9.

2. R. NAVES, "Debret, o neoclassicismo e a escravidão", em *A forma difícil*.

3. Este texto foi escrito em português.

Página 170

1. Claudio LINATI publica em 1828, em Bruxelas, seu *Trajes civiles, religiosos y militares de Mexico*.

Página 171

1. C. Ch. SARTORIUS, *México*, p. XXV.

Página 174

1. J. F. de A. PRADO, *O artista Debret e o Brasil*, p. 21.

2. R. WAGNER, *Thomas Ender no Brasil 1817-1818*, p. 43.

3. Encontram-se a lista das obras de Alexandre von Humboldt e um resumo bibliográfico recente em A. CASTRILLÓN ALDAÑA, *Alejandro de Humboldt, del catálogo al paisaje*.

Página 175

1. R. WAGNER, *Thomas Ender no Brasil 1817-1818*, p. 34.

Página 178

1. Esses pintores também exerceram uma influência local que não deve ser subestimada. Assim foi que o italiano Eugenio Landesio criou a escola de paisagismo mexicana e formou José María Velasco. As inúmeras *haciendas* que ele pintou fixaram para os mexicanos a imagem dessas imensas propriedades. Debret também deixou sua marca em artistas brasileiros.

Página 180

1. De Johann-Friedrich WALDECK, publicado em Paris, Bellizard Dufour et Co, e em Londres, J. e W. Boone, em 1838 (ed. espanhola: México, Condumex, 1997).

2. "Tipos característicos y etnológicos de razas, pueblos y caballos", em Domingo Faustino Sarmiento, a respeito de Rugendas, cit. em J. A. GARCÍA MARTÍNEZ, *Sarmiento y el arte de su tiempo*, Buenos Aires, Emecé Editores, 1979, pp. 98-9.

Página 182

1. A. von HUMBOLDT, *Ensayo político sobre el reino de la Nueva España*, México, Instituto Cultural Helénico, Miguel Angel Porrúa, ed. fac-similar (Paris, 1822), 1985, t. I, p. 181.

2. A ser publicado por Éditions Chandeigne, com um estudo de Louise Bénat-Tachot.

Página 183

1. Luis Pérez ORAMAS, "Paisagem e fundação: Frans Post e a invenção da paisagem americana", *XXIX Bienal de São Paulo*, São Paulo, Fundação Bienal de São Paulo, 1998, pp. 102-6.

2. P. MASON, *Infelicities*, pp. 42-53.

Página 184

1. Joaquim José Codina e José Joaquim Freire, no caso da expedição de Alexandre Rodrigues Ferreira (ver nota 1 da página 183).

2. *Memória da Amazônia. Alexandre Rodrigues Ferreira e a Viagem philosophica pelas capitanias do Grão-Pará, Rio Negro, Mato Grosso e Cuyabá*, Coimbra, Museu e Laboratório Antropológico, Universidade de Coimbra, 1991. Essas expedições prosseguem no século XIX: pense-se na de Spix e Martius (1817-20) e na do barão de Langsdorff.

3. J.-B. DEBRET, *Voyage pittoresque et historique au Brésil*, vol. 2, p. 51.

4. Ibidem.

Página 186

1. C. Ch. SARTORIUS, *México*, p. XXVI.

2. Ibidem, p. 184.

3. F. Th. HARTMANN, "A contribuição da iconografia para o conhecimento de índios brasileiros do século XIX", em *Fundo de Pesquisas do Museu Paulista*, Série Etnologia, vol. I, p. 84 (cit. em P. DIENER, "O catálogo fundamentado da obra de J. M. Rugendas e algumas ideias para a interpretação de seus trabalhos sobre o Brasil", *Revista da USP*, jun.-jul.-ago. 1996, p. 54).

Página 188

1. C. Ch. SARTORIUS, *México*, p. XXV.
2. Acontece frequentemente de as cenas não virem acompanhadas de nenhuma indicação. Uma aquarela intitulada por Rugendas *El pico de Orizaba* mostra um grupo de personagens índios e mestiços encontrando viajantes. O título dá total liberdade à imaginação do espectador. O mesmo ocorre numa cena de mercado em que a atenção da multidão é atraída por um casal de índios, provavelmente vindos do norte do país, os quais ocupam o centro da imagem.

Página 189

1. *Viajeros mexicanos del siglo XIX en México*, p. 159.
2. J.-B. DEBRET, *Voyage pittoresque et historique au Brésil*, vol. 2, p. 46.

Página 190

1. J.-B. DEBRET, *Voyage pittoresque et historique au Brésil*, vol. 2, p. 41.
2. Ver acima, p. 58.
3. Ver acima, p. 58.
4. J.-B. DEBRET, *Voyage pittoresque et historique au Brésil*, vol. 2, p. 48.
5. Ver acima, p. 60.
6. J.-B. DEBRET, *Voyage pittoresque et historique au Brésil*, vol. 2, p. 51.

Página 191

1. C. Ch. SARTORIUS, *México*, p. 143.
2. Ibidem, p. 65.
3. Ibidem, p. 49. Ver também a visão idílica dos mercados indígenas no inglês William Bullock ou sua descrição dos "milhares de Índios, completamente limpios, ordenados y bienvestidos", que tomam parte das procissões, em W. BULLOCK, *Seis meses de residencia y viajes en México*, México, Banco de México [1825], 1983, pp. 129-30, 231.
4. Ver acima, p. 60.
5. Os negrinhos são comparados a macaquinhos: "[...] aos quais é permitido dividir os privilégios do pequeno mico-leão, no quarto da dona da casa [...]", acima, p. 60.
6. J.-B. DEBRET, *Voyage pittoresque et historique au Brésil*, vol. 2, p. 40.

Página 192

1. Ver acima, p. 89.
2. Sobre atitudes mais radicais de outros artistas, ver o caso do pintor abolicionista Paul Harro-Harring ou o de Thomas Ender (em R. WAGNER, *Thomas Ender no Brasil 1817-1818*, p. 37).

BIBLIOGRAFIA

ALENCASTRO, Luiz Felipe de. "Prolétaires et esclaves: immigrés portugais et captifs africains à Rio de Janeiro 1850-1872". *Cahiers du C.R.I.A.R., Publications de l'Université de Rouen*, nº 4, 1984, pp. 119-56. Trad. publicada em *Novos Estudos Cebrap*, nº 21, jun. 1988, pp. 30-56.

_____ (org.). *História da vida privada no Brasil — Império: a corte e a modernidade nacional.* São Paulo, Companhia das Letras, 1997, vol. 2.

ARAOZ, José Flores. *Juan Mauricio Rugendas. El Perú romántico del siglo XIX.* Lima, Carlos Milla Batres, 1975.

BANDEIRA, Júlio. "Debret: instantâneos de história". In *Catálogo da exposição Jean-Baptiste Debret, Um Pintor de História no Brasil.* Rio de Janeiro, 1990.

BENOIT, François. *L'art français sous la Révolution et l'Empire.* Genebra, Slatkine, 1975.

CARELLI, Mário. "Jean-Baptiste Debret, um pintor de história nos trópicos". In *Catálogo da exposição Jean-Baptiste Debret, Um Pintor de História no Brasil.* Rio de Janeiro, 1990.

_____. *Brésil épopée métisse.* Paris, Gallimard, 1987.

_____. *A descoberta da Amazônia. Os diários do naturalista Hercules Florence.* São Paulo, Editora Marca d'Água, 1995.

CARNEIRO, Newton. *Rugendas no Brasil.* Rio de Janeiro, Livraria Kosmos, 1979.

CARRIL, Bonifacio del. *Mauricio Rugendas. Artistas extranjeros en la Argentina.* Buenos Aires, Academia Nacional de Belas-Artes, 1966.

CARVALHO SOUZA, Iara Lis. *Pátria coroada — O Brasil como corpo político autônomo 1780-1831.* São Paulo, Editora da Unesp, 1999.

CASTRILLÓN ALDAÑA, Alberto. *Alejandro de Humboldt, del catálogo al paisaje.* Medellín, Editorial Universidad de Antioquia, 2000.

CATLIN, Stanton, LÖSCHNER, Renate & MOYSSÉN, Xavier. *El México luminoso de Rugendas.* México, Cartón y Papel de México, 1985.

COUTINHO, Wilson. "E os franceses chegaram". In *Paris descobre Debret.* Revista *Arte Hoje*, nº 6, dez. 1977.

DEBRET, Jean-Baptiste. *Voyage pittoresque et historique au Brésil.* Paris, Firmin Didot et Frères, 1834-39.

_____. *Viagem pitoresca e histórica ao Brasil.* Belo Horizonte; São Paulo, Itatiaia; Edusp, 1989, 3 vols.

DIENER, Pablo. "O catálogo fundamentado da obra de J. M. Rugendas e algumas ideias para a interpretação de seus trabalhos sobre o Brasil". *Revista da USP. Dossiê Brasil dos viajantes*, jun.-jul.-ago. 1996, pp. 46-57.

DUSSIEUX, Louis-Étienne. *Les artistes français à l'étranger.* Paris, Didron, 1852.

EXPILLY, Charles. *Le Brésil, tel qu'il est.* Paris, E. Dantu, 1862.

FERNÁNDEZ, Justino. *El arte del siglo XIX en México.* México, UNAM, 1967.

GUIOCHON, Xavier-Philippe. "La Mission Artistique de 1816 et le Brésil de Jean-Baptiste Debret (1816-1831)". Paris, Universidade de Paris IV-Sorbonne, 1992. Dissertação de mestrado apresentada ao Instituto de História.

HARTMANN, F. Thekla. "A contribuição da iconografia para o conhecimento de índios brasileiros do século XIX". In *Fundo de Pesquisas do Museu Paulista*, Série Etnologia, vol. I. São Paulo, Universidade de São Paulo, 1975.

HUMBOLDT, Alexandre von. *Vues des cordillères et monuments des peuples indigènes de l'Amérique.* Paris, Schoell, 1810.

KARASCH, Mary C. *Slave life in Rio de Janeiro 1808-1850.* Princeton, N. J., 1987. Trad. brasileira: São Paulo, Companhia das Letras, 2000.

LAGO, Thomás. *Rugendas, pintor romántico de Chile.* Santiago, Ediciones de la Universidad de Chile, 1960.

LIMA, Oliveira. *Dom João VI no Brasil.* Rio de Janeiro, José Olympio, 1945.

LINNÉ, Carl von. *Philosophie botanique.* Paris, Cailleau, 1788.

LOSCHNER, Renate. *Artistas alemanes en América Latina.* Exposição do Instituto Ibero-Americano; Patrimônio Cultural Prussiano. Berlim, 1978.

LUCCOCK, John. *Notes on Rio de Janeiro and the Southern parts of Brazil taken during a residence of ten years in that country from 1808 to 1818.* Londres, 1820. Trad. brasileira: São Paulo, Livraria Martins Editora, 1942.

MACKNOW LISBOA, Karen. *A nova Atlântida de Spix e Martius. Natureza e civilização na Viagem pelo Brasil (1817-1820).* São Paulo, Hucitec; FAPESP, 1997.

MASON, Peter. *Infelicities. Representations of the exotic.* Baltimore, The Johns Hopkins University Press, 1998.

MAUAD, Ana Maria. "Imagem e autoimagem do Segundo Reinado". In ALENCASTRO, Luiz Felipe de (org.). *História da vida privada no Brasil — Império: a corte e a modernidade nacional.* São Paulo, Companhia das Letras, 1997, vol. 2, pp. 181-231.

Missão Artística Francesa e pintores viajantes (exposição idealizada por BOGHICI, Jean, e Instituto Cultural França-Brasil). Rio de Janeiro, Fundação Casa França-Brasil, 1990.

MOYSSÉN, Xavier. *La pintura del México independiente en sus museos.* México, Banco BCH, 1990.

NAVES, Rodrigo. "Debret, o neoclassicismo e a escravidão". In *A forma difícil — Ensaios sobre a arte brasileira.* São Paulo, Ática, 1996.

PRADO, J. F. de Almeida. *O artista Debret e o Brasil.* São Paulo, Companhia Editora Nacional, 1990, Col. Brasiliana, vol. 386.

REIS, João José. *A morte é uma festa — Ritos fúnebres e revolta popular no Brasil do século XIX.* São Paulo, Companhia das Letras, 1991.

RICHERT, Gertrud. *Johann Moritz Rugendas. Ein deutscher Mahler des XIX Jahrhunderts.* Berlim, Rembrandt Verlag, 1959.

RICHERT, Gertrud. *Obras del arte en el Instituto Iberoamericano de Berlin*. Berlim, Colloquium Verlag, 1966.

RUGENDAS, Johann Moritz. *Voyage pittoresque dans le Brésil.* Trad. do alemão por Mr. de Colbery. Paris, Engelmann & Co, 1835. Trad. brasileira: São Paulo, Livraria Martins Editora, 1954.

SARTORIUS, Carl Christian. *Mexiko und die Mexikaner.* Londres; Darmstadt; Nova York, 1852.

_____. *México. Paisajes y bosquejos populares.* Trad. do inglês por Mercedes Quijano Narezo. México, Centro de Estudios de Historia de México, Condumex, 1988.

SCHWARTZ, Stuart B. "Patterns of slaveholding in the Americas: new evidence from Brazil". *American Historical Review*, vol. 87, 1982, pp. 55-86.

SKIDMORE, Thomas. *Black into white: race and nationality in Brazilian thought.* Nova York, Oxford University Press, 1974. Trad. brasileira: Rio de Janeiro, Paz e Terra, 1976.

STOLS, Eddy. "A iconografia do Brasil nos Países Baixos do século XVI ao século XX". *Revista da USP. Dossiê Brasil dos viajantes*, jun.-jul.-ago. 1996, pp. 20-31.

TAUNAY, Afonso de E. *A Missão Artística de 1816.* Brasília, Editora da UnB, 1983.

Viajeros mexicanos del siglo XIX en México. México, Fomento Cultural Banamex, 1996.

WAGNER, Robert. *Thomas Ender no Brasil 1817-1818. Aquarelas pertencentes à Academia de Belas-Artes em Viena.* Graz, Akademische Druck-u. Verlagsanstalt, 1997.

ILUSTRAÇÕES

pp. 6, 8-9	vol. 2, pr. 9	*Os refrescos no largo do Paço, depois do jantar*
p. 11	vol. 3, pr. 2	*Vista do Rio de Janeiro, desenhada do mosteiro de São Bento*
p. 15	vol. 2, pr. 29	*Sapataria*
p. 17	vol. 2, pr. 12	*Loja de barbeiros*
pp. 19, 21	vol. 2, pr. 22	*Escravas negras de diferentes nações*
p. 23	vol. 3, pr. 30	*Coleta para a manutenção da igreja do Rosário, por uma irmandade negra*
pp. 24-5	vol. 3, pr. 8	*Negras novas a caminho da igreja para o batismo*
p. 27	vol. 3, pr. 31	*Manhã de quarta-feira santa*
p. 29	vol. 3, pr. 15	*Casamento de negros escravos de uma casa rica*
p. 31	vol. 3, pr. 21	*Queimação do Judas, no sábado de Aleluia*
p. 33	vol. 2, pr. 34	*Família pobre em casa*
p. 35	vol. 3, pr. 6	*Vendedor de flores no domingo, à porta de uma igreja*
p. 37	vol. 2, pr. 5	*Um funcionário do governo sai a passeio com a família*
p. 39	vol. 2, pr. 36	*Negros carregadores de cangalhas*
p. 41	vol. 3, pr. 16	*Enterro de uma negra*
p. 43	vol. 2, pr. 16	*Liteira para viajar ao interior*
p. 45	vol. 3, pr. 5	*Primeira saída de um velho convalescente*
p. 47	vol. 3, pr. 27	*Trajes de desembargadores*
p. 49	vol. 3, pr. 1	*Vista do largo do Paço no Rio de Janeiro*
p. 51	vol. 3, pr. 46	*Partida da rainha para Portugal*
p. 53	vol. 3, pr. 51	*Aclamação de d. Pedro II, segundo imperador do Brasil*
p. 55	vol. 3, pr. 49	*Pano de boca executado para a representação extraordinária dada no Teatro da Corte por ocasião da coroação de d. Pedro I, imperador do Brasil*
pp. 56-7	vol. 3, pr. 48	*Coroação de d. Pedro I, imperador do Brasil*
p. 59	vol. 2, pr. 8	*As distrações dos ricos depois do jantar*
p. 61	vol. 2, pr. 6	*Uma senhora brasileira em seu lar*
p. 63	vol. 2, pr. 24	*Interior de uma casa de ciganos*
p. 65	vol. 2, pr. 37	*Carros e móveis prontos para ser embarcados*
p. 67	vol. 2, pr. 38	*Negros de carro*
pp. 68-9	vol. 2, pr. 23	*Mercado da rua do Valongo*
p. 71	vol. 2, pr. 42	*O colar de ferro, castigo dos negros fugidos*
pp. 72-3	vol. 2, pr. 36	*Diferentes nações de negros (cabeças)*
p. 75	vol. 2, pr. 32	*Negras livres vivendo de suas atividades*
p. 77	vol. 2, pr. 27	*Pequena moenda de cana portátil*

p. 79	vol. 2, pr. 21	*Negros vendedores de capim e de leite*
p. 81	vol. 2, pr. 20	*Negros vendedores de carvão; Vendedoras de milho*
p. 83	vol. 2, pr. 14	*Negros vendedores de aves*
p. 85	vol. 2, pr. 18	*Negros serradores de tábuas*
p. 87	vol. 3, pr. 22	*Mantimentos levados à cadeia, e doados pela irmandade do Santíssimo Sacramento*
pp. 88-9	vol. 2, pr. 10	*Visita a uma fazenda*
p. 91	vol. 2, pr. 33	*Cena de Carnaval*
p. 93	vol. 1, pr. 22	*Caboclas lavadeiras*
p. 95	vol. 2, pr. 48	*Lavadeiras à beira do rio*
p. 97	vol. 2, pr. 45	*Aplicação do castigo da chibata*
pp. 98-9	vol. 2, pr. 25	*Feitores castigando negros*
p. 101	vol. 2, pr. 46	*O cirurgião negro*
p. 103	vol. 2, pr. 15	*Retorno à cidade de um proprietário de chácara*
pp. 105-6	vol. 2, pr. 7	*O jantar no Brasil*
pp. 108-9	vol. 2, pr. 7	*O jantar no Brasil*
p. 111	vol. 2, pr. 12	*Loja de barbeiros*
pp. 112-3	vol. 2, pr. 22	*Escravas negras de diferentes nações*
pp. 114-5	vol. 2, pr. 36	*Diferentes nações de negros (cabeças)*
p. 116	vol. 3, pr. 30	*Coleta para a manutenção da igreja do Rosário, por uma irmandade negra*
pp. 118-9	vol. 3, pr. 4	*Coletores de irmandade*
p. 121	vol. 3, pr. 15	*Casamento de negros escravos de uma casa rica*
pp. 122-3	vol. 3, pr. 16	*Enterro de uma negra*
pp. 124-5	vol. 3, pr. 21	*Queimação do Judas, no sábado de Aleluia*
p. 126	vol. 2, pr. 34	*Família pobre em casa*
pp. 128-9	vol. 2, pr. 5	*Um funcionário do governo sai a passeio com a família*
p. 131	vol. 2, pr. 29	*Sapataria*
pp. 133-4	vol. 2, pr. 11	*Barbeiros ambulantes*
pp. 136-7	vol. 3, pr. 1	*Vista do largo do Paço no Rio de Janeiro*
p. 139	vol. 3, pr. 45	*Aceitação provisória da Constituição de Lisboa*
p. 141	vol. 3, pr. 39	*Bailado histórico*
p. 142	vol. 3, pr. 47	*Aclamação de d. Pedro I no Campo de Santana*
pp. 144-5	vol. 3, pr. 48	*Coroação de d. Pedro I, imperador do Brasil*
p. 147	vol. 3, pr. 49	*Pano de boca executado para a representação extraordinária dada no Teatro da Corte por ocasião da coroação de d. Pedro I, imperador do Brasil*
p. 148	vol. 2, pr. 6	*Uma senhora brasileira em seu lar*
p. 148	vol. 2, pr. 10	*Visita a uma fazenda*

p. 149	vol. 2, pr. 34	*Família pobre em casa*
p. 149	vol. 3, pr. 31	*Manhã de quarta-feira santa*
pp. 150-1	vol. 2, pr. 8	*As distrações dos ricos depois do jantar*
p. 152	vol. 3, pr. 12	*Transporte de uma criança branca para ser batizada*
p. 153	vol. 3, pr. 5	*Uma senhora, na sua cadeirinha, indo à missa*
pp. 154-5	vol. 2, pr. 6	*Uma senhora brasileira em seu lar*
p. 157	vol. 2, pr. 13	*Vendedor de cestos*
pp. 158-9	vol. 2, pr. 42	*O colar de ferro, castigo dos negros fugidos*
p. 161	vol. 2, pr. 23	*Mercado da rua do Valongo*
p. 162	vol. 2, pr. 33	*Negros calceteiros*
p. 163	vol. 2, pr. 24	*Interior de uma casa de ciganos*
pp. 165-6	vol. 2, pr. 41	*Negociante de fumo em sua loja*
pp. 168-9	vol. 3, pr. 54	*Panorama do interior da baía de Guanabara*
pp. 170-1	vol. 1, pr. 22	*Caboclas lavadeiras*
pp. 172-3	vol. 3, pr. 52	*Panorama da baía do Rio de Janeiro visto do chamado morro do Corcovado*
p. 175	vol. 2, pr. 42	*Transporte de telhas*
p. 176	vol. 2, pr. 21	*Negros vendedores de capim e de leite*
p. 177	vol. 2, pr. 20	*Vendedoras de milho*
pp. 178-9	vol. 2, pr. 18	*Negros serradores de tábuas*
p. 181	vol. 2, pr. 44	*Loja de padeiro*
pp. 182-3	vol. 3, pr. 22	*Mantimentos levados à cadeia, e doados pela irmandade do Santíssimo Sacramento*
p. 185	vol. 2, pr. 48	*Lavadeiras à beira do rio*
p. 186	vol. 2, pr. 45	*Aplicação do castigo da chibata*
p. 187	vol. 2, pr. 45	*Negros no tronco*
p. 188	vol. 2, pr. 25	*Feitores castigando negros*
p. 189	vol. 2, pr. 27	*Pequena moenda de cana portátil*
p. 191	vol. 2, pr. 10	*Visita a uma fazenda*
p. 194	vol. 3, pr. 29	*Coleta para a Folia do Imperador da Festa do Divino Espírito Santo*
p. 197	vol. 2, pr. 20	*Vendedoras de milho*
pp. 198-9	vol. 2, pr. 33	*Negros calceteiros*

Luiz Felipe de Alencastro nasceu no Brasil, em 1946. É professor de história do Brasil na Universidade Paris IV-Sorbonne. Organizou *Império: a corte e a modernidade nacional*, segundo volume da coleção *História da vida privada no Brasil*, da editora Companhia das Letras. Por essa mesma editora, publicou *O trato dos viventes, formação do Brasil no Atlântico Sul*.

Serge Gruzinski nasceu na França, em 1949. Historiador e antropólogo, é diretor de pesquisas do Centre National de Recherches Scientifiques (CNRS) e professor da École des Hautes Études en Sciences Sociales (Paris). Publicou diversas obras sobre o Novo Mundo, entre elas *La colonisation de l'imaginaire*, pela editora Gallimard, e *Histoire du Nouveau Monde* (em colaboração com Carmen Bernand) e *La pensée métisse*, pela editora Fayard.

Tierno Monénembo nasceu na Guiné, em 1947. Cientista de formação, é autor de sete romances, todos lançados pela editora Le Seuil. Seu livro *Les Écailles du ciel* recebeu o Grande Prêmio da África Negra e Menção Especial da Fundação L. S. Senghor. *Pelourinho* reflete suas impressões sobre o Brasil, vividas e colhidas durante uma temporada de cerca de um ano em Salvador.

Patrick Straumann nasceu na Suíça, em 1964. É diplomado em estudos cinematográficos e audiovisuais. Ensaísta e jornalista na imprensa escrita e na televisão, trabalha sobretudo nas áreas de cinema, meios de comunicação eletrônicos e artes plásticas. Desde 1992, passa temporadas regulares no Brasil, país a que dedicou inúmeros artigos.

SUMÁRIO

APRESENTAÇÃO, *Patrick Straumann*   7

LITOGRAFIAS E COMENTÁRIOS, *Jean-Baptiste Debret*   13

O FESTIM BRASILEIRO, *Tierno Monénembo*   105

A PENA E O PINCEL, *Luiz Felipe de Alencastro*   133

AS NOVAS IMAGENS DA AMÉRICA, *Serge Gruzinski*   165

Notas   192

Bibliografia   195

Ilustrações   196

Apresentação dos autores   199